Lesekompetenz als Schlüsselqualifikation beim Verstehen

Salih Özenici / Kemal Demir /
Nihal Kubilay Pınar / Oğuzhan Karaburgu (Hrsg.)

Lesekompetenz als Schlüsselqualifikation beim Verstehen

Richtig Lesen, aber wie?

PETER LANG

Lausanne - Berlin - Bruxelles - Chennai - New York - Oxford

Bibliografische Information der Deutschen Nationalbibliothek
Die Deutsche Nationalbibliothek verzeichnet diese Publikation
in der Deutschen Nationalbibliografie; detaillierte bibliografische
Daten sind im Internet über http://dnb.d-nb.de abrufbar.

ISBN 978-3-631-90071-0 (Print)
E-ISBN 978-3-631-90234-9 (E-PDF)
E-ISBN 978-3-631-90638-5 (EPUB)
DOI 10.3726/b21046

© 2023 Peter Lang Group AG, Lausanne

Verlegt durch:
Peter Lang GmbH, Berlin, Deutschland

info@peterlang.com http://www.peterlang.com

Alle Rechte vorbehalten.

Das Werk einschließlich aller seiner Teile ist urheberrechtlich geschützt.
Jede Verwertung außerhalb der engen Grenzen des Urheberrechtsgesetzes
ist ohne Zustimmung des Verlages unzulässig und strafbar. Das gilt
insbesondere für Vervielfältigungen, Übersetzungen, Mikroverfilmungen
und die Einspeicherung und Verarbeitung in elektronischen Systemen.

Vorwort

Die Lesekompetenz wird sowohl durch niedrige als auch durch hohe hierarchische Prozesse bestimmt. Über das Zusammenspiel dieser Prozessebenen hinaus sind weitere Determinanten für die Lesekompetenz bestimmend. Artelt et al. (2007) stellen in ihrem Modell in Anlehnung an die Arbeiten von Jenkins (1979) und Campione und Armbruster (1985) vier Einflussbereiche auf die Lesekompetenz auf, wobei jeder Bereich zahlreiche Einzelfaktoren enthält, die die Lesekompetenz bestimmen und die sich gegenseitig bedingen. Bei den Bereichen handelt es sich um Lesereigenschaften, zu denen Vorwissen, lexikalischer Zugang, Wortschatz, Motivation, Einstellungen, Kenntnis von Textmerkmalen und Wissen über Lernstrategien zählen. Ferner gibt es auf der Seite des Lesers die direkten Aktivitäten während des Leseprozesses. Dazu rechnen die Autoren den adaptiven Einsatz von Lesestrategien, die Verstehenskontrolle und die Selbstregulation. Auf der Seite der Textvoraussetzungen ist auch die Art des Textes relevant, die durch den Organisations- und Strukturierungsgrad des Textes definiert ist, und die Lesevoraussetzungen, von denen die Art und Weise abhängt, wie der Text zu lesen ist (z.B. Lesestile). In diesem Zusammnehang darf das Lesen nicht mit der Wahrnehmung und Umwandlung von Graphemen in Phoneme gleichgesetzt werden. Man erfasst einen Text nicht dadurch, dass man Worte nacheinander aufnimmt. Lesen ist nicht gleich Lesen, man sollte also nicht darauf loslesen, sondern bei der Sinnbildung sollte man verschiedene Fähigkeiten und Kenntnissen, etwa Lesetechnik, Leseziel, Lesestil, Lesestrategien usw. in Gang setzen. Das vorliegende Buch behandelt in diesem Zusammnehang das Thema, wie sich die Faktoren wie Leseziele, Lesestile, Lesestrategien und Textsortenwissen bei der Erzeugung der Textbedeutung aufeinander auswirken und miteinander in Verbindung stehen.

Inhaltsverzeichnis

Vorwort 5

Einleitung 9

1. Lesestile (Lesearten-Leseformen) 17
   1.1 Detailliertes Lesen (totales, zyklisches, intensives, gründliches, komprimierendes, studierendes Lesen oder auf Englisch "Close Reading") 20
   1.2 Selektives Lesen (suchendes, selegierendes, identifizierendes oder "search reading, scanning"). 21
   1.3 Globales Lesen 22

2. Funktionen des Leseziels im Leseprozess 25
   2.1 Funktion des Leseziels in Bezug auf lineare Texte 27
   2.2 Funktion des Leseziels in Bezug auf Hypertexte 30

3. Der Zusammenhang zwischen Leseziel und Lesestil 33

4. Textsortenwissen, Lesestil, -ziel und -strategie 37
   4.1 Textsortenwissen 38
   4.2 Lesestrategien 39
      4.2.1 Kognitive Lesestrategien 40
         4.2.1.1 Organisationsstrategien 41
         4.2.1.2 Elaborationsstrategien 42
         4.2.1.3 Wiederholungsstrategien 43
      4.2.2 Metakognitive Lesestrategien 43
         4.2.2.1 Planen 44
         4.2.2.2 Überwachungsstrategien 45

   4.2.2.3 Regulierungsstrategien 46
4.3 Lesestrategien mit Lesezielen, Lesestilen 47
4.4 Zusammenhang Textsorten, Lesestilen und Lesezielen 60
4.5 Zusammenhang zwischen Textsorten und Lesestrategien 63

5. Fazit 69

6. Literaturverzeichnis 81

Einleitung

In meinen DaF-Kursen stelle ich immer wieder fest, dass die Student oft Probleme mit dem Textverständnis haben. Wenn sie aufgefordert werden, einen Text zu lesen, fällt es einigen schwer, weil sie den Text gar nicht verstehen. Manche wollen jedes Wort verstehen und konzentrieren sich deshalb oft nicht auf den Sinnzusammenhang, sondern auf die Bedeutung der einzelnen Wörter, obwohl das bei vielen Texten gar nicht nötig ist, was den Leseprozess ständig unterbricht und im Hinblick auf ihr Wissensinteresse eine unnötige Anstrengung ist.

Bei der Literaturrecherche zu den möglichen Gründen dafür bin ich auf einer Website auf folgende Aussage gestoßen: *"Die meisten meiner Schüler übersetzen alles, wenn ich ihnen einen Text zu lesen gebe"* (Rappo, 2019.27.07).

Laut Rappo (2019.27.07) ist diese überstürzte Vorgehensweise in der Regel auf einen Mangel an Lesestrategien zurückzuführen, da einige Teilnehmer sofort mit der Übersetzung jedes Wortes beginnen, ohne die Aufgabe zu lesen und die Textsorte zu berücksichtigen. Roelcke (2005) weist darauf hin, dass die Schülerinnen und Schüler, wenn es keine Lesestrategie gäbe, den Text Wort für Wort vom Anfang bis zum Ende lesen würden, wie es im obigen Beispiel der Fall ist. Dudjahn (2019) sagt, dass eine Voraussetzung für ein gutes Leseverständnis vorallem einmal eine gut entwickelte Lesetechnik ist. Die Schülerinnen und Schüler müssen also Wörter schnell und ganzheitlich erfassen, sie in den Satzzusammenhang einordnen und diesen verstehen können. In der Realität kann man allerdings häufig beobachten, dass das Leseverständnis nur unzureichend ausgeprägt ist, selbst wenn diese Fähigkeit gut entwickelt ist. Der Grund dafür kann ein Mangel an Lesestrategien sein. Viele Schülerinnen und Schüler "lesen einfach drauf los" (Dudjahn, 2019), nach dem Prinzip "Augen zu und durch! Ich verstehe eh nicht sowieso nicht alles" (Dudjahn, 2019). Sie beachten oft nicht den Titel des Textes und brauchen ein paar Zeilen, um festzustellen, worum es in dem Text geht. Die Folge ist meist, dass sie zwar den groben Inhalt des Textes wiedergeben können, aber oft die Details nicht erfasst haben. Die Schülerinnen und Schüler brauchen Werkzeuge, die es ihnen ermöglichen, Texte sinnvoll und effektiv zu verarbeiten. Sie brauchen Lesestrategien (Dudjahn, 2019).

Es muss also den Schülern/innen bewusst sein, dass sie je nach Leseziel verschiedene Lesestrategien aktivieren müssen: Für die Aufnahme aller Einzelheiten eines Vertrags ist detailliertes Lesen erforderlich, bei globalem Lesen überfliegt man einen Text, um sich einen Überblick zu verschaffen; selektives Lesen hat das Finden einer bestimmten Information zum Ziel; sortierendes Lesen unterscheidet Wichtiges und Unwichtiges im Text (Studienseminar Koblenz, 2009, S. 14-18). Leisen (2009) weist darauf hin, dass sich das Lesen eines Romans vom Lesen eines Sachbuchs unterscheidet. Die Lernenden sind sich dessen bewusst, dennoch gehen sie in der Regel an beide Textsorten auf die gleiche Weise heran, d. h. sie beginnen am Anfang des Textes und lesen ihn Wort für Wort bis zum Ende, anstatt eine der Textsorte angemessene Strategie zu wählen. Laut Ehlers (1998, S.79-80) zeichnen sich kompetente LeserInnen dadurch aus, dass sie je nach Textschwierigkeit die geeigneten Strategien anzuwenden in der Lage sind und diese, entsprechend der Aufgabenstellung, flexibel zu handhaben vermögen. Schlechte LeserInnen dagegen können ihr strategisches Verhalten nicht den Anforderungen einer Aufgabe anpassen. Cain (1999) weist darauf hin, dass unterdurchschnittliche Leserinnen und Leser über weniger Wissen verfügen, mit welchen Lesestrategien sie Verständnisproblemen angemessen begegnen können. Beispielsweise geben sie häufig als Strategie an, Experten, z.B. die Lehrkraft, um Hilfe zu fragen. Wenn Probleme im Verstehensprozess auftreten, können sie darauf somit oft nicht flexibel und zielführend reagieren.

Es wird auch darauf hingewiesen, dass es dafür andere Gründe geben könnte. Rappo (2019.27.07) führt den ersten Grund auf die Tatsache zurück, dass die Lesestile nicht zielgerichtet eingesetzt werden. Nach Rappo (2019.27.07) ist Lesen nicht gleich Lesen, es gibt also je nach Textart, Informationsziel oder Interesse ganz unterschiedliche Arten, wie man Texte lesen kann. Unterschiedliche Textsorten erfordern unterschiedliche Lesestile, demnach können sie auch unterschiedlich gelesen werden. Somit ist es wichtig, die passende Leseart bewusst auszuwählen und anzuwenden. Wenn Sie sich Stellenanzeigen ansehen, lesen Sie wahrscheinlich nur die Stellenbezeichnung und entscheiden in diesem Moment, ob es sich lohnt, mehr darüber zu erfahren oder nicht. Sie überfliegen einen Zeitungsartikel nur flüchtig, weil Sie die Hintergrundinformationen bereits kennen und nur auf dem Laufenden sein wollen. Wenn Sie ein leckeres Rezept kochen, wollen Sie alles im Detail wissen, damit Sie keine Zutat vergessen oder einen wichtigen Schritt auslassen. Je nach Leseziel und Textsorte wählt man einen anderen Lesestil, eine andere Lesestrategie. Aus vorangehenden Ausführungen geht hervor, dass kompetente Leserin/ Leser aufmerksam und aktiv an einen Text herangehen und noch vor dem Lesen eine bestimmte Absicht haben und eine Erwartungshaltung aufbauen.

Rappo (2019) erklärt dies anhand folgender Situation: *"Sie gehen seit langem regelmäßig ins Fitnessstudio und stoßen eines Tages in einer Zeitschrift auf den folgenden Artikel: "Fünf Lebensmittel, die Ihnen beim Muskelaufbau helfen"*.

Da es sich um ein interessantes Thema handelt, wird sofort die Neugierde auf mehr Informationen geweckt, so dass man darauf aus ist, mehr zu wissen. Dieses "mehr Wissen" kann sich jedoch aufgrund von Vorwissen und Interessen von Person zu Person ändern. Auch die Herangehensweise kann je nach Lesekompetenz unterschiedlich variieren. Im besten Fall beginnt man mit einem orientierenden Lesen, das dazu dient, sich einen ersten Überblick zu verschaffen und bestimmte Merkmale wie Textsorte, Schreibstil, Abschnitte, Bilder, Grafiken usw. zu registrieren, um dann zu entscheiden, wie man an den Text herangehen soll. Wenn man gerne kocht, liest man vielleicht nur das Rezept am Ende des Textes. Wenn man eine Affinität zu biochemischen Prozessen im Körper hat, liest man vielleicht den Abschnitt über die Wirkung von Nahrungsmitteln auf den Muskelaufbau. Vielleicht will man nur wissen, um welche Lebensmittel es geht und welche Inhaltsstoffe den Muskelaufbau fördern. Alle anderen Informationen werden übersehen, da sie nicht auf die Fragen des Textes eingehen. In diesem Fall wird der Text selektiv gelesen. Wenn man wissen will, warum diese fünf Lebensmittel gut für einen sind, welche Nährstoffe sie enthalten und welche Wirkung sie auf den Körper haben, liest man den Artikel gründlich. So müsste man nicht den gesamten Text Wort für Wort lesen, sondern je nach Leseanlass die passende Lesetechnik wählen (Studienseminar Koblenz, 2009, S.14-18).

Der zweite Grund ist laut Rappo (2019), dass die Fragen zum Text zu viel detailliertes Lesen erfordern, was sehr anstrengend ist und ein hohes Maß an Konzentration erforderlich macht. Ein Text wird selten Wort für

Wort gelesen, daher sollte man eher mit dem globalen Lesen als mit dem detaillierten Lesen beginnen. Dieser Ansatz wird im Teacher's Guide zu IHR und WIR plus, Band 3, berücksichtigt, wo darauf hingewiesen wird, dass alle Lesetexte im Textbuch zunächst global (hin und wieder auch selektiv) gelesen und verstanden werden und erst im zweiten (oder dritten) Schritt selektives und nur abschnittsweises Detailverstehen gefordert wird, d.h. keiner der Texte im Textbuch sollte Wort für Wort verstanden werden, denn auch in der Muttersprache werden die wenigsten Texte detailliert gelesen. Daher sollten Lehrer im Unterricht keine Aufgaben stellen, die detailliertes Lesen erfordern, und ebenso nicht erwarten, dass die Lernenden alle Details verstehen, da sie sonst daran verzweifeln und anfangen, jedes Wort zu übersetzen (Dinsel et al., 2011)

Laut Rappo (2019) betrifft der dritte Grund die mangelnde Vorbereitung auf den Text. Dieser Behauptung unterliegt die Auffassung, dass das Lesen eines Textes nicht mit einer Frage wie "Schlagen Sie das Buch auf Seite 34 auf und lesen Sie den Text, bitte" begonnen werden sollte, denn eine solche Anweisung würde keine Neugier wecken und den Lernenden nicht ausreichend vorbereiten. Bei so einer Vorgehensweise wählen die Schüler wahrscheinlich direkt den detaillierten Lesestil und sind zunehmend überfordert. Somit wissen sie nicht, worauf sie sich konzentrieren sollen und beginnen, unbekannte Wörter zu übersetzen.

Es wäre in diesem Zusammenhang sinnvoll, das Vorwissen zu aktivieren, das vor allem eine Strategie zur Vorbereitung der Lektüre gilt (Costa, 2010) sowie den Lernenden eine erste Vorentlastung zu bieten, was ihnen ermöglicht, sich auf den Kontext zu konzentrieren, und in der Regel ist die Bedeutung des neuen Vokabulars in dieser Phase bereits klar, so dass eine Übersetzung unnötig wäre.

Leseaktivitäten bestehen in der Regel aus drei Phasen, die auf Aktivitäten vor, während und nach der Lektüre zurückgehen (Kononova, 2014). Durch die Aktivitäten vor dem Lesen kann man den Leseprozess besser strukturieren und die Leser/innen auf den Text vorbereiten, da sie darauf abzielen, die Neugier der Leser und Leserinnen zu wecken und thematisches Vorwissen und Weltwissen zu aktivieren und Erwartungen aufzubauen (Leupold, 2002). Song (2001, S.61) meint diesbezüglich, dass das fremdsprachliche Leseverständnis durch den Aufbau von Leseerwartungen und Lesezielen vor dem Lesen eines Textes unterstützt wird, da hier verschiedene Strategien vor der Lektüre verwendet werden, die die Funktion haben, die Aufmerksamkeit auf den Text zu lenken und das Interesse des Lesers hervorzurufen. Dies kann durch die folgenden methodischen Verfahren geschehen: das Sprechen über ein Bild, die Einführung eines Einstiegstextes, die Entwicklung eines Assoziogramms zu einem Stichwort, die Präsentation eines Titels, das Lesen von Titel und Untertitel, das Betrachten der Bilder sowie das Stellen von Fragen wie "worum könnte es im Text gehen? Was weiss ich bereits über das Thema? Auf dieser Grundlage werden dann Hypothesen über den Text gebildet. In diesem Zusammenhang werden einige Lesestrategien auch in der Vorbereitung auf die Lektüre eines Textes eingesetzt (Philipp&Schilcher, 2012). Rosebrock & Nix (2008) behaupten, dass sich kompetente Leser/innen schon vor der Lektüre Gedanken über den potenziellen Inhalt eines Textes […] machen und eine entsprechende Erwartungshaltung dazu aufbauen. Dabei setzen sie vor der Lektüre verschiedene Lesestrategien ein.

Weng (2008,S.6) erklärt dies anhand einer Situation wie folgt:
Was tun Sie, wenn Sie z. B. im Friseursalon eine Zeitschrift in den Händen halten? Wenn Sie die Zeitschrift durchblättern, fällt Ihnen zum Beispiel ein Artikel über Spice ins Auge. Eine fetzige Überschrift und ein paar Bilder mit Frau Beckham wecken Ihr Interesse. Sie schauen sich die Bilder und die dazugehörigen kurzen Begleittexte an und lesen vielleicht den fettgedruckten Untertitel. Auf diese Weise erhalten Sie einerseits einige neue Informationen über die Spice Girls (oder auch nicht), entwickeln also ein erstes Wissen über den Text, ein globales Wissen über den Textinhalt (Worum geht es?), und andererseits aktivieren Sie Ihr im Langzeitgedächtnis gespeichertes Wissen über die Spice Girls. Aus dem Zusammenspiel Ihres Vorwissens aus dem Text mit Ihrem eigenen Wissen über die Spice Girls treffen Sie die Entscheidung, den Text zu lesen - oder nicht. Wenn ja, haben Sie sich - mehr oder weniger bewusst - auf den Text eingestellt

Laut Rappo (2019) könnte sich "fehlende Vorbereitung auf den Text" auf das Textsortenwissen zurückgehen. Horst (2018) weist darauf hin, dass es vor der Lektüre eines Textes nötig ist, sich klarzumachen, welchen Texttyp man gleich lesen wird. Man muss also wissen, um was für einen Text es sich handelt (Janíková, 2005, S.57).

Das Wissen um die Textsorte hilft den Lesern/Leserinnen beim Verstehen, denn sie haben bestimmte Erwartungen an den Text. Z.B bei einem

Rezept für Apfelkuchen erwartet man eine Liste mit den Zutaten und eine Anleitung zum Backen. Gold (2007) behauptet, dass es sich lohnt, vor der eigentlichen Lektüre den Text zunächst zu überfliegen, die Überschrift zu sehen usw. Erst dann kann man den Text richtig lesen. Dadurch kann sich das Gehirn auf die wirklich wichtigen Informationen konzentrieren. Dabei spielt das Vorwissen über die jeweilige Textsorte eine entscheidende Rolle, denn es trägt wesentlich zur Textentlastung während des Leseprozesses bei (Stahl, 2006). Darüber hinaus, wenn die Textart klar ist, sucht man den passenden Lesestil. So liest man ein Kochrezept anders als einen Zugfahrplan oder einen Zeitungsartikel (Pfeiffer, 2002). In diesem Zusammenhang ist es Sinnvoll, die Textsorte zu kennen sowie mit ihren Merkmalen und Funktionen umgehen zu können. Wenn man am Bahnhof die Abfahrtszeit eines bestimmten Zuges wissen oder zu Hause ein neues Rezept zubereiten will, wird der Leseprozess in beiden Fällen ganz andere Formen annehmen. Im ersten Fall (Bahnhof) wird man wahrscheinlich selektiv lesen, während man das Rezept wahrscheinlich sehr detailliert lesen wird. Die Art des Textes hat also auch einen Einfluss darauf, wie ein Text gelesen wird. Weng (2008) weist darauf hin, dass das Textsortenwissen schon vor dem Lesen wichtige Informationen über den Text liefert und schnelle Entscheidungen darüber ermöglicht, wie ein Text gelesen werden soll.

Ausgehend von oben ausgeführten Erklärungen lässt sich sagen, dass man aufgrund des Zusammenspiels von Textsorte, anfänglicher globaler Textinformation und dem Vorwissen des Lesers das relevante Kontextwissen und Vorwissen aktiviert, Hypothesen über den Inhalt des Textes bildet, eine Erwartung an den Inhalt des Textes aufbaut, und eine Leseabsicht bildet (Storch, 2001, 1999).

Laut Rappo (2019.27.07) bezieht sich der vierte Grund auf fehlende Strategien im Umgang mit unbekanntem Vokabular. Im Leseunterricht ist es durchaus üblich, dass man einige Wörter aus einem Text nicht kennt. Manche Wörter sind jedoch nicht so wichtig, um den Sinn des Textes zu verstehen. Deshalb ist es sinnvoller, zu erkennen, ob ein Wort für den Sinn des Textes wichtig ist oder nicht. Erst dann muss man die genaue Bedeutung des Wortes kennen. Wenn in einem Text viele unbekannte Wörter vorkommen und man jedes einzelne nachschaut, wird der Lesefluss dadurch erheblich beeinträchtigt. Man sollte daher lernen, zwischen Wörtern zu unterscheiden, die man braucht, um den Sinn des Textes zu verstehen, und solchen, die man nicht unbedingt braucht, um den Sinn zu verstehen. Unerfahrene Leser sind gewöhnlich mit Strategien für den Umgang mit neuen Wörtern unvertraut. Sie haben Schwierigkeiten, Wichtiges von Unwichtigem zu unterscheiden und neigen dazu, jedes Wort zu übersetzen. Sie gehen davon aus, alles verstehen zu müssen. Diese Vorgehensweise ist nicht sehr effizient und sie verlieren schnell den Anschluss, was zu Frustration und Erschöpfung führt.

Der fünfte Grund, warum man jedes Wort übersetzen oder den Text Wort für Wort bearbeiten will, liegt nach Rappo (2019. 27. 07) darin, dass der Arbeitsauftrag - Aufgabenstellung nicht klar formuliert ist. Westhoff (1997) weisst darauf hin, dass das Schwierigkeitsgrad eines Textes nicht primär vom Text selbst, sondern von der Aufgabenstellung abhängt, so soll der Arbeitsauftrag klar und deutlich definiert werden. Es wird behauptet, dass der optimale Einsatz, bzw. die optimale Auswahl der Lesestile ganz von der mit dem Text einhergehenden Aufgabenstellung abhängt. Aufgabenstellung gesteuert, so kann also auch selektiv, orientierend oder auch suchend vorgegangen werden. In diesem Zusammenhang muss den Schülerinnen und Schülern schon vor dem Lesen bzw. im Zusammenhang mit der Aufgabe, für die sie Text(e) lesen, klar werden, was für Ziele mit einem Text verfolgt werden, der Leseauftrag muss dem Leser implizit oder explizit mitteilen, welche Leseart zu wählen ist, z. B lautet die Aufgabenstellung nach ganz bestimmten Informationen im Text zu suchen, sollten die SchülerInnen den Text nur überfliegen (Studienseminar Koblenz, 2009, S.14-18). Rappo (2019.29.07) schlägt hierbei vor, dass Fragen zum Text immer auf das Arbeitsblatt geschrieben und bestenfalls das Vorgehen besprochen werden sollte. Welchen Lesestil sollen sie anwenden? Wie gehen sie mit unbekannten Wörtern um?

Aus den vorangehenden Informationen geht hervor, dass Lesen selektiv ist. Der Leser kann sich auf das konzentrieren, was er wissen will und was ihm wichtig erscheint. In diesem Zusammenhang wird das Lesen als ein selektiver Prozess betrachtet. Der Prozess der Selektivität wird einerseits durch leserabhängige Faktoren, wie z.B. persönliches Interesse, Ziele, (...) andererseits auch durch textabhängige Faktoren, wie z.B. Textsortenmerkmale und den Aufbau und die Struktur des Textes bestimmt. Lesen ist auch eine zielgerichtete Fähigkeit im Hinblick darauf, dass ein Text aus verschiedenen Gründen und Zielen gelesen wird. Ein Leser liest, um mehr

Wissen zu erlangen, um Neues zu erfahren, um zu lernen, um sich zu bilden, um zu unterhalten [...]". Ein Leser geht also mit bestimmten Zielen an einen Text heran (Ehlers, 1992,S.63). Darüber hinaus ist das Lesen eine (...) interaktive Tätigkeit, bei der die Bedeutung aus dem Zusammenspiel von Textinformationen und Lesererwartungen entsteht. Lesen ist also in dieser Hinsicht antizipatorisch (Storch, 2001, S.133). Der Leser geht also mit bestimmten Erwartungen an den Text heran (...) (Ehlers, 1992, S.63), der Leser antizipiert also bestimmte Informationen, indem er auf sein Wissen über Textsorten zurückgreift. Auf diese Weise baut er Erwartungen in Bezug auf bestimmte Merkmale, wie z. B. textsortenspezifische Eigenschaften, auf, nach denen der Leseprozess gesteuert wird (Ehlers, 1992; Kyselicová, 2010).

Wie aus den vorangehenden Ausführungen ersichtlich wird, ist das Leseverständnis eine komplexe und umfassende Tätigkeit, die von vielen Faktoren abhängt, z. B. vom Text, dem Leseziel und dem damit verbundenen Lesestil, den Lesestrategien, den Aufgabentypen und ihren Wechselbeziehungen. Wenn diese Faktoren erfolgreich gehandhabt werden, läuft der Verstehensprozess problemlos ab, da sie das Leseverstehen durch ihre Wechselwirkung miteinander erleichtern; im umgekehrten Fall können sie das Leseverstehen erschweren. In diesem Zusammenhang ist das Ziel dieser Arbeit, auf dieses Thema einzugehen und in diesem Rahmen den Zusammenhang und das Zusammenspiel zwischen Lesestil, Leseziel, Lesestrategien und Textsortenwissen mit- und untereinander im Verstehenprozess zu erklären und darzulegen.

1. Lesestile (Lesearten-Leseformen)

Zusammenfassung: Der Begriff Lesestil drückt die Art und Weise aus, wie ein Text gelesen wird. In der Literatur werden Lesestile unter verschiedenen Bezeichnungen und Funktionen dargestellt. Bemühungen, ein System von Lesestilen zu entwickeln, sind nach wie vor problematisch, was daran liegt, dass sie sich auf zu unterschiedliche Kriterien beziehen und dass oft unterschiedliche Begriffe für ein und denselben Stil verwendet bzw. jedem Lesestil unterschiedliche Funktionen zugeschrieben werden. Es besteht daher keine Einigkeit in der begrifflichen Abgrenzung, auch nicht in der Typologie der Lesestile in Bezug auf die Bezeichnung, was ebenfalls eine Begriffsverwirrung nach sich zieht. Bei der Klassifizierung nach Lesestilen im Rahmen einer Typologie fällt auf, dass dabei unterschiedliche Typologien entwickelt worden sind. Bei der Betrachtung der Begriffsverwirrung ist besonders hervorzuheben, dass sich die Kategorien nicht scharf voneinander trennen lassen, sondern je nach konkretem Text und konkreter Leseaufgabe Unterschiede aufweisen können. In diesem Zusammenhang verwenden kompetente Leser je nach den Anforderungen der Aufgabenstellung und dem Leseziel Lesestile sowohl nacheinander als auch nebeneinander in ein und demselben Text. So zeichnen sie sich dadurch aus, dass sie die Texte nicht nur je nach Leseziel unterschiedlich lesen, sondern auch verschiedene Lesestile flexibel einsetzen können.

Keywords, Lesestil, Lesearten, Leseverstehen, Leseziel

Der Begriff „Lesestil", der in den 70-er Jahren in der Fremdsprachenforschung entstanden ist, drückt die Art und Weise aus, wie ein Text gelesen wird. Bimmel (2008) definiert Lesestil als ein durch eine bestimmte Leseintention geprägtes Leseverhalten, Westhoff (1997) bezeichnet Lesestile als verschiedene Arten einen Text zu lesen.

In der Literatur kommen Lesestile unter verschiedenen Bezeichnungen und Funktionen vor. Die Versuche, eine Systematik der Lesestile zu entwickeln, bleiben problematisch, was darauf zurückzuführen ist, dass sie sich auf zu unterschiedliche Kriterien beziehen (Aust,1983; Fritz & Sues, 1986), und die Autoren für denselben Stil oft diverse Begriffsbezeichnungen benutzen, oder jedem Lesestil andere Funktionen zuschreiben. Deshalb herrscht bei der begrifflichen Unterscheidung, auch in der Typologie der

Lesestile in Bezug auf Bezeichnung keineswegs Einigkeit, was auch zu **einer Begriffsverwirrung** führt (Küppers, 1999, S.48), z.b unter der Bezeichnung vom selektiven Lesen könnte selegierendes oder suchendes Lesen vorkommen sowie kursorisches Lesen könnte als globales und detailliertes Lesen als totales Lesen bezeichnet werden (Kaewwipat, 2007). Aus diesem Grund können Lesestile bei verschiedenen Autoren unter verschiedenen Bezeichnungen auftauchen. Lutjeharms bezeichnet die Leseform, deren Ziel es ist, nach gezielten Informationen zu suchen, als *suchendes Lesen*, Karcher (1994) definiert dagegen das suchende Lesen als *selegierendes Lesen* und Müller-Küppers & Zöllner (1999) nennen es *selektives Lesen*. Das globale Lesen wird von Lutjeharms als *orientierendes*, von Karcher als *kursorisches Lesen* genannt. Karcher bezeichnet das detaillierte Lesen als *intensives Lesen* und Lutjeharms als *totales Lesen*. Stiefenhöfer (1986) unterscheidet zwischen dem selektiven und detaillierten Lesen und nur das globale Lesen nennt er kursorisches Lesen.

Bei der Einteilung in Bezug auf Lesestile als eine Typologie fällt auf, dass viele Autoren dabei verschiedene Typologien entwickelt haben, z.B. wird bei Lutjeharms (1988) in Anlehnung an die englischsprachige Literatur eine Einteilung vorgenommen, welche suchendes Lesen; orientierendes Lesen, kursorisches Lesen, totales Lesen und argumentatives Lesen umfasst. J. Roche`s Typologie (2008) setzt sich aus 3 Lesestilen wie globales, totales und selektives Lesen, die gleiche Einteilung kann man auch bei Weiss (2000) sehen, der aber anders als Joche für totales Lesen die Bezeichnung detailliertes Lesen benutzt. Hermann (1990) unterscheidet Lesestile in orientierendes, kursorisches, selektives, intensives und atomistisches Lesen, Westhoff (1997) unterscheidet Lesestile in detailliertes, suchendes, globales und orientierendes Lesen.

Bei der Berücksichtigung der Begriffsverwirrung ist besonders zu betonen, dass die Kategorien nicht scharf voneinander zu trennen sind, sondern je nach konkretem Text und konkreter Leseaufgabe Unterschiede aufweisen können (Kaewwipat, 2007, S.8). Während eines Leseaktes kann der Lesestil aufgrund des Interesses für den Inhalt der jeweiligen Textstelle, der Textschwierigkeit, der Art der Informationen oder der Textsorte variieren (Lutjeharms, 2002, S.125-132).

In diesem Zusammenhang können sie je nach dem Leseziel und Anforderungen der Leseaufgabe hinsichtlich der gesuchten Information und

Textsorte einzeln eingesetzt werden, vielmehr können sie fließend und stufenlos ineinander übergehen. Somit kann man in vielen Situationen mehrere Lesestile nacheinander, abwechselnd oder in Kombinationen praktizieren (Kaewwipat, 2007). Das kursorische Lesen kann in Kombination mit dem intensiven Lesen bestimmter Teile eines Textes auftreten, oder kann zunächst eine orientierende Lektüre erfolgen, und im Anschluss daran werden einzelne, relevante Textpassagen detailliert oder gar analytisch gelesen. Bei längeren Texten können die verschiedenen Lesestile abwechselnd eingesetzt werden (Lutjeharms, 2006, S.149), z.B es kann sich um einen Übergang von selegierendem Lesen zu totalem oder kursorischem Lesen handeln (Lutjeharms, 2006). Eine Kombination von mehreren Lesestilen wird konzentrisches Lesen genannt (Westhoff, 1997).

Daraus ergibt sich, dass sich die Lesestile ändern können, wenn der Inhalt oder die Form des Textes dies erfordern, oder wenn sich Einstellung und Intention des Lesers in Bezug auf den Text geändert haben. In diesem Zusammenhang werden vom kompetenten Lesern die einzelnen Lesestile nach- oder nebeneinander in demselben Text eingesetzt. Forschungsergebnisse zeigen, dass gute Leser flexible Leser sind und sich dadurch auszeichnen, dass sie nicht nur die Texte je nach Leseziel verschieden lesen, sondern auch […] verschiedene Lesestile flexibel einsetzen können (Westhof,1997; Küppers, 1999).

Im Allgemeinen kann man bei der Klassifizierung der Lesestile nach der verfolgten Leseabsicht und nach den charakteristischen Merkmalen des Lesens **zwei** Hauptrichtungen unterscheiden (Lutjeharms, 1998; Westhoff, 1997; Buchbinder, 1986).

Die Klassifizierung der Leseformen im Rahmen dieser Arbeit basiert darauf, Leseformen nach dem Kriterium aufzuteilen, auf welche Weise ein Leser die Informationen aufnimmt. Aufgrund dessen werden laut Müller-Küppers & Zöllner (1999) folgende Leseformen unterschieden: "globales, selektives und detailliertes Lesen. So wird in dieser Arbeit auf diese Leseformen eingegangen und sie werden detailliert erklärt.

1.1 Detailliertes Lesen (totales, zyklisches, intensives, gründliches, komprimierendes, studierendes Lesen oder auf Englisch "Close Reading")

Laut Müller-Küppers & Zöllner (1999, S.44) ist das Ziel beim detaillierten Lesen, einen Text vollständig und in allen Einzelheiten zu verstehen. Alle Informationen sind wichtig, daher sind die genaue Erschließung des Textes, die vollständige Aufnahme des Inhalts und die Verknüpfung des Gelesenen mit dem Vorwissen nötig (Buchbinder, 1986; Kononova, 2014). Um dies zu erreichen, muss ein Text auf allen sprachlichen Ebenen verstanden werden, d.h. alle Inhaltswörter [...] müssen bekannt sein (Wortebene), es gilt jeden Ausdruck zu verstehen (Satzebene), alle durch Strukturwörter geschaffenen [...] und logischen Bezeichnungen zwischen den Sätzen (Textebene) zu erkennen, so setzt diese Leseform ausgeprägtere Fremdsprachenkenntnisse voraus (Müller-Küppers & Zöllner, 1999, S.44). Detailliertes Lesen eignet sich als Lesestrategie besonders für Texte von hoher Komplexität und Wichtigkeit und ist vor allem bei wissenschaftlichen Texten notwendig (Horváthová, 2009).

Man liest beim detaillierten Lesen besonders gründlich und langsam und geht bei Nicht-Verstehen im Text zurück, hält öfter inne, um das gerade Gelesene zu verinnerlichen und sich Notizen oder Exzerpte zu machen (Buchbinder, 1986; Kononova, 2014). Da diese Art des Lesens auf einen hohen Grad der Konzentration und analytisches Lesen zurückgeht, benötigt sie ein sorgfältiges, nachdenkendes und stilles Lesen, das auf der Basis der Analyse sprachlicher und logischer Zusammenhänge des Textes eine zielgerichtete Analyse des zu lesenden Inhalts erfordert (Daniels, 2009).

Durch detailliertes Lesen kann man Hauptinformationen und wichtige Detailinformationen einzelner Textstellen, Schlüsselwörter, den detaillierten Handlungsverlauf einschließlich Ursachen oder Folgen oder die im Text vorkommenden Personen und Gegenstände verstehen/erkennen, ferner auch die Handlungsziele dieser Personen, ihre Emotionen/Stimmungen sowie ihre geäußerten Meinungen und Einstellungen, sowie Art und Aufbau eines Textes erkennen, identifizieren und festlegen, Tatsachen von Meinungen unterscheiden, die Haltung des Autors gegenüber dem Leser und dem Thema identifizieren und mit Hilfe von Schlussfolgerungen implizite Bedeutungen entwickeln und Schlüsse ziehen (Westhof,1997; Lutjeharms,

1998; Buchbinder, 1986; (IQB (Hg.), Vergleichsarbeiten 2014,8. Jahrgangsstufe (VERA-8), Englisch–Didaktische Handreichung, Modul B, 26-28 und 41-43).

1.2 Selektives Lesen (suchendes, selegierendes, identifizierendes oder "search reading, scanning").

Beim selektiven Lesen handelt es sich um schnelle, selektive Lokalisierung und Entnahme von spezifischen Informationen für einen bestimmten Zweck (Kononova, 2014; Westhof, 1997; Buchbinder, 1986). So unterteilt Pugh (1978, zitiert nach Weiss, 2000) das selektive Lesen in " Scanning"- ein Überflieg reading", das Suchen nach bestimmten en des Textes mit dem Ziel, bestimmte Wörter wiederzufinden und "Search Informationen, die aber noch nicht genau festgelegt sind. So wird beim selektiven Lesen der Text nicht ganz, sondern im Hinblick auf bestimmte Informationen gelesen (Costa, 2010). Logischerweise variiert das Lesetempo bei der Suche sehr, da unwichtiges überflogen werden kann, bei Relevantem muss die Geschwindigkeit dann stark reduziert und sehr genau gelesen werden, was einen hohen Konzentrationsgrad erfordert (Voss, 2015).

Diese Leseart eignet sich besonders dann, wenn die Aufgabe darin besteht, Fragen zu den Hauptinformationen eines Textes zu beantworten und man einem Text lediglich einzelne, gezielt zuvor festgelegte spezifische Informationen entnehmen möchte. Zur Feststellung, ob ein Text Informationen über spezifische Inhalte enthält, wird bei dieser Leseart meistens nach bestimmten Inhaltswörtern, Namen, Zahlen etc. gesucht. Aus diesem Grund konzentriert man sich beim selektiven Lesen nicht auf den gesamten Inhalt des Textes, sondern nur auf einen Teil, oder nur auf eine konkrete Information (Westhof, 1997), deshalb ist das globale Verständnis des Textes nicht notwendig, dafür bedarf es allerdings einer Verarbeitung des Textes auf der semantischen Ebene, ohne dass jedoch die Inferenzbildung im Vordergrund steht. In diesem Zusammenhang unterscheidet sich das selektive Lesen vom detaillierten Lesen, denn der Leser ist beim selektiven Lesen bewusst, dass die gesuchte Information im Text steht, er weiß nur nicht, was ihr exakter Inhalt ist, deshalb sucht er nach spezifischer Information im Text (Rothstein, 2011).

Das selektive Lesen erfolgt in mehreren Schritten. Inhaltsverzeichnisse, Kapitel- und Tabellenüberschriften usw. ermöglichen ein erstes kursorisches Durchsehen. Man liest erst eine oder mehrere bewusst ausgewählte Teile. Die Entscheidung dafür, ob es sich lohnt, einen Textabschnitt intensiv zu lesen, folgt meist aus der Phase des globalen Lesens. Je nach Umfang der zu suchenden Informationen und ihrer Platzierung im Text kann vom selektiven Leseverstehen in detailliertes Leseverstehen übergegangen werden, deshalb lässt sich das selektive Lesen als eine Kombination aus überblickhaftem und studierendem Lesen betrachten (Rothstein, 2011).

Eine Voraussetzung für den Einsatz dieses Lesestils ist das Erkennen der Textsorte, somit setzt dieser Lesestil das Wissen um die Textsorte voraus (IQB (Hg.), **Vergleichsarbeiten 2014,8. Jahrgangsstufe (VERA-8), Englisch–Didaktische Handreichung, Modul B, S. 26-28 und S. 41-43**). Als Beispiel für diese Leseart kann man ein Fernsehprogramm anführen. Man kann dem Leseziel entsprechend nur die Information, nämlich die entsprechende Uhrzeit suchen, wobei andere Informationen ausser Acht gelassen werden (Godis, 2016).

1.3 Globales Lesen

Das globale Lesen besteht aus dem Überfliegen des Textes, um sich einen Eindruck über den Textinhalt zu verschaffen (Costa, 2010). Durch den Einsatz dieses Lesestils aktiviert man vor dem Lesen das Vorwissen über den Textinhalt und die Textsorte, verschafft man sich anhand von Überschriften und Zwischenüberschriften und visuellen Darstellungen wie Bilder, Grafiken, verschiedene Schriftarten, Hervorhebungen, Nummerierungen einen Überblick über den Textinhalt und formuliert man Fragen, die sich auf Hauptinformationen im Text beziehen (Willkop et al., 2008). Man überfliegt also ausgehend von Überschriften usw. einen Text, um einschätzen zu können, was man von dem Text erwarten dürfte, um daraufhin entscheiden zu können, welche Textteile sich lohnen zu lesen oder wie sie zu lesen sind (Stiefenhöfer, 1986; Westhof, 1997; Kononova; 2014). Mit dem globalen Lesen verfolgt man das Ziel, Schlüsselwörter, Teilthemen sowie die Textstruktur zu erkennen und Hauptinformationen kennzuzeichnen (Willkoop et al., 2008). Da das Ziel des globalen Lesens in der Erkennung des zentralen Inhalts, der groben Struktur und des roten Fadens eines Textes liegt (Costa, 2010), geht es auf einen Top-Down-Prozess zurück, bei dem Vorwissen und Weltwissen, z. B. über die Textsorte, den situativen Kontext usw., als Grundlage verwendet wird (Roche, 2008). So versucht der Leser beim globalen Lesen, sich einen ersten Eindruck über die Makrostruktur, die Textteile und den Textinhalt zu verschaffen, die die Hauptinformationen und die Struktur des Textes vermitteln und es ermöglichen, textinhaltsbezogene Erwartungen aufzubauen und global zu erfassen, worum es im Text geht (Daniels, 2009). Das globale Lesen ist die oberflächlichste Form der Textaufnahme (Piepho,1990, S.288-290). Bei diesem Lesestil orientiert sich der Leser an der Wichtigkeit der Informationen im Text, d. h. der Leser versucht, die wichtigsten Informationen aufzunehmen, hält sich aber nicht mit den Details auf, sondern achtet auf alles, was ihm Rückschlüsse auf die Hauptinformationen und die Textstruktur gibt.

(Didaktische Erläuterungen „Leseverständnis "und „Sprache und Sprachgebrauch untersuchen", Projekt VERA VERgleichs Arbeiten in der Grundschule,http://www.projekt-vera.de/verapub/fileadmin/downloads/2008/VERA_D_didakt_Erlaeut_2008.pdf).

Das globale Lesen kann wie folgend beim Lesen praktiziert werden: Vor der Lektüre werden folgende Fragen gestellt: Was besagt die Überschrift? Was könnten die Hauptaussagen des Textes sein? In welcher sprachlichen Form könnten sie formuliert sein? Welche Form/Struktur hat der Text? Um welche Art von Text handelt es sich? Was für Informationen kann gerade diese Textsorte enthalten? Stellt der Text sein Ziel oder eine zentrale Frage an den Anfang? Woher stammt der Text? Was kann ich vom Text erwarten? Für wen und mit welchem Ziel? Was ist das Thema des Textes? Was weiß ich schon zum Thema?

Welchen Nutzen könnte eine intensivere Lektüre für mich haben? " Gibt es am Ende des Textes eine Zusammenfassung des Inhalts oder des Ergebnisses? (Eihelheim & Storch,1992).

Mit diesen Fragen im Kopf schaut sich der Leser konzentriert, aber überfliegend Titel, Untertitel, Inhaltsverzeichnis, Kapitelüberschriften und Unterüberschriften an oder, wenn vorhanden, Kurzzusammenfassung (Eihelheim; Storch, 1992; Storch, 1999, S.126; Piepho, 1990, S.288-290)

Zusammenfassend kann man sagen, dass globales Lesen eine typische Lesestrategie rationaler und nach Effektivität bestrebter Leser ist und der Feststellung dient, ob ein Text und gegebenenfalls wie weit bzw. mit welcher Intensität der Text gelesen werden muss (Storch, 1999, S.126; Piepho,1990, S.288-290).

Da das Leseziel in jeder Phase des Leseverstehens involviert ist, wäre es hier angebracht erst das Leseziel und seine Funktion im Lesen zu erklären, bevor man auf den Zusammenhang zwischen Leseziel und Lesestil eingeht.

2. Funktionen des Leseziels im Leseprozess

Zusammenfassung: Jede sinnvolle Lektüre sollte einen Zweck verfolgen. Die Lektüre einer Vielzahl von Texten basiert daher auf einer Reihe von Zielen. Das Leseziel steuert das Leseverständnis, da es das Ausmaß des Textverständnisses bestimmt. Das Leseziel hat in verschiedenen Phasen der Textverarbeitung im Hinblick auf das Textverständnis maßgebliche Funktionen. So sollte man sich vor dem Lesen in erster Linie über sein Leseziel im Klaren sein, denn davon hängt die Wahl der Lesestile und -strategien ab. In der Nachbereitungsphase wird das Leseverstehen in Bezug auf das Leseziel und anhand verschiedener, den Lesezielen entsprechender Kriterien überprüft. Das Leseziel hat eine wichtige Funktion für das Textverständnis, unabhängig davon, ob es sich um lineare Texte oder Hypertexte handelt. Neben Inferenzen und Vorwissen kann das Leseziel auch Einfluss auf Konstruktionsprozesse haben und die Verarbeitungsprozesse sowie die Verarbeitungstiefe bestimmen. Leseziele sind entscheidend für die Konstruktion mentaler Repräsentationen. Leseziele beeinflussen also die Konstruktion von multiplen Repräsentationen, insbesondere die Textbasis und das Situationsmodell.

Keywords, Leseziel, mentale Repräsentationen, Hypertexte, lineare Texte

Das Lesen sollte in der Regel auf ein bestimmtes Ziel ausgerichtet sein. In diesem Zusammenhang meint Mündenmann (2002), dass das Lesen immer angelehnt an das Leseziel erfolgt. Laut Connolly (2004) benötigt jede sinnvolle Lektüre ein Ziel. Willkop et al.(2008); Grabe und Stoller (2002, S.9) meinen, dass das Lesen eines Textes eine zielgerichtete, intentionale Tätigkeit ist. Sheeba (2018), Horiba &Fukaya (2015) sind der Meinung, dass die Lektüre einer Vielzahl von Texten auf eine Vielzahl von Zielen zurückgehen.

Unter Bezugnahme auf die aktuellen Lesemodelle behaupten Graesser, et al., (1994); McKoon& Ratcliff, (1992); Singer, et al., (1994); van den Broek, et al., (1999); Anastasiou & Griva (2009), dass das Verstehen eines Textes sowohl von den Fähigkeiten des Lesers als auch von seinen Zielen beim Verstehen des Textes beeinflusst wird. Westhoff (1997, S.74) meint, dass (...) ein Text nicht mehr in seiner Gesamtheit erfasst werden muss, sondern der Umfang des Erfassens vom Leseziel abhängt.

Gross (2000) behauptet, dass das Leseverstehen durch das Leseziel gesteuert wird. **Vor der Lektüre** sollten sich die Leserinnen und Leser in erster Linie über ihr Leseziel klar werden. In diesem Zusammenhang ist es entscheidend, dass die Leserinnen und Leser vor der Lektüre ihr Leseziel festlegen, denn davon hängt die Wahl der Lesestile und der Strategien ab. Diese Phase kann kurz sein, ist aber sehr wichtig, um die Aufmerksamkeit beim Lesen zu fokussieren. Wenn man keine konkrete Vorstellung hat und keine Erwartungen an einen Text formulieren kann oder sich nicht im Klaren darüber ist, wie man an den Text herangehen soll, will man vielleicht jedes Wort verstehen, liest oberflächlich, übersieht Wichtiges und konzentriert sich nicht auf die Kernaussagen. Wenn man jedoch die Lektüre von Anfang an entsprechend den Lesezielen gut planen kann, lassen sich wahrscheinlich kognitive Ressourcen schonen und die Informationsverarbeitungsprozesse an die Leseziele anpassen und so Informationen effizienter verarbeiten (Rost, 2012, S.203-204).

Beim Lesen kommen Strategien der Kontrolle und Überwachung des eigenen Verstehens (z.B. durch Kontrollfragen), aber auch des Strategieeinsatzes zum Tragen, wobei das Leseziel als Orientierungsnorm fungiert (Boekaerts, 1999, S.452). Während des Lesens sollte der Leser also den Strategieeinsatz auf der Basis des Leseziels in Abhängigkeit vom Leseziel und den Textanforderungen bestimmen. So kann man z.B., wenn man herausfinden will, ob ein Text für die weitere Lektüre interessant ist, den orientierenden Lesestil, für das möglichst schnelle Erfassen der Kernaussagen das kursorische Lesen und für die gezielte Suche nach Informationen das selektive Lesen anwenden. In der **Nachbereitungsphase** wird das Leseverständnis in Bezug auf das Leseziel überprüft und nach verschiedenen, den Lesezielen entsprechenden Kriterien bewertet (Stickel-Wolf&Wolf, 2013, S.12; Philipp&Schilcher,2012).

Lesen1lesefertigkeitImprovehttps://www.sprachenzentrum.fuberlin.de/slz/lernen_zu_lernen/bilder_und_pdf/pdf/Lesen1_Lesefertigkeit1.pdf abgerufen am, 05. 09.2022).

Das Leseziel spielt bei der Textkonstruktion eine entscheidende Rolle. Gross (2000) weist darauf hin, dass die Textkonstruktion durch den Rezipienten als das Ergebnis einer Kommunikation beschrieben werden kann, bei der eine Interaktion zwischen einem Text und einem Rezipienten zustande gekommen ist, was sowohl durch die Eigenschaften des Textes und die darin enthaltenen Informationen als auch durch das Vorwissen, die Leseziele und die metakognitiven Fähigkeiten des Lesers gesteuert wird. In diesem Zusammenhang hat das Leseziel wichtige Funktionen für das Textverständnis, unabhängig davon, ob es sich um lineare oder Hypertexte handelt.

2.1 Funktion des Leseziels in Bezug auf lineare Texte

Das Verstehen von linearen Texten kann als Ergebnis von Konstruktionsprozessen aufgefasst werden, wobei der Leser eine propositionale und mentale Repräsentation des Textes erstellt. Damit diese Textdarstellung eine sinnvolle Einheit darstellt, müssen die im Text nicht explizit aufgeführten Informationen abgeleitet (Inferenzen) und semantische Beziehungen zwischen einzelnen Wörtern, Sätzen und Textteilen hergestellt werden (Kohärenz). Inferenzen spielen also bei diesen Prozessen eine wichtige Rolle, da sie vom Rezipienten dazu verwendet werden, die Bedeutung von Wörtern, Sätzen und Textteilen und die zwischen ihnen bestehenden Beziehungen zu konstruieren. Die Durchführung von Inferenzen ist somit wesentlich für das Ergebnis der Repräsentation des Textes durch den Leser (Gross, 2000).

Neben den Inferenzen spielt auch das Vorwissen eine wichtige Rolle. Die Konstruktionsprozesse des Lesers können je nach Wissensstrukturen und Fähigkeiten des Lesers als wissens-, ziel- und metakognitionsgeleitet gekennzeichnet werden. Leser beziehen ihr Vorwissen über den Inhalt und die Struktur eines Textes in die Verstehensprozesse ein, auf deren Grundlage die Bedeutung eines Textes interpretiert wird (Gross, 2000). Das Vorwissen ist für den Aufbau eines Situationsmodells von entscheidender Bedeutung, denn es ermöglicht und schränkt Inferenzen und Zusammenhänge zwischen eingehender Information und gespeichertem Wissen ein und bestimmt, welche Informationen aus dem Text ausgewählt und gespeichert werden (Opwis&Lüer, 1996).

Neben Inferenzen und Vorwissen kann sich auch das **Leseziel** des Rezipienten auf Konstruktionsprozesse auswirken. Spezifische Leseziele verlangen vom Rezipienten, zwischen zielrelevanten und zielirrelevanten

Informationen zu selegieren und nur das zu berücksichtigen, was für die Zielerreichung wichtig ist. Die Verfolgung eines spezifischen Leseziels wirkt sich daher besonders förderlich auf fremdsprachliche Verstehensprozesse aus, da sie den Lerner von der Notwendigkeit entbindet, alle Informationen eines Textes genau zu verstehen. Durch die Konzentration auf zielrelevante Informationen wird der Leser davon entlastet, alle Wörter eines Textes verstehen zu müssen, und damit werden die Anforderungen an die Verstehensprozesse reduziert (Gross, 2000).

Gross meint, dass das Leseziel die Verarbeitungsprozesse und die Verarbeitungstiefe bestimmt. Je nachdem, mit welcher Absicht ein Text gelesen wird, wird eine geeignete Verarbeitungsstrategie gewählt, dieses Ziel zu erreichen. So verarbeitet ein Leser, der nach bestimmten Informationen in einem Text sucht, die Informationen im Text sehr selektiv und baut nur eine rudimentäre Repräsentation des Textes auf, während ein Leser, dessen Absicht es ist, möglichst viele Informationen im Text zu verstehen, eine umfassendere Repräsentation des Textes aufbaut.

In Anlehnung an Christmann & Groben (1999) kann nach Christmann (2015) die Inferenzaktivität in Abhängigkeit von den Lesezielen und -anforderungen der Rezipienten (z.B. Überfliegendes oder eher gründliches Lesen) und den Textsorten und -eigenschaften sowohl minimal als auch maximal ausfallen. Die konstruktivistische Inferenztheorie (Graesser et al. 1994; Richter, 2003) postuliert, dass Inferenzen beim Lesen primär durch das Rezeptionsziel gesteuert werden (...), (Schnotz& Dutke, 2004). Empirisch gestützt wird dieses Modell durch Befunde, wonach ohne Leseziele weniger Inferenzen gebildet werden als mit Lesezielen (McCrudden et al, 2005; Calvo et al. 2006).

Leser verfolgen bei ihrer Lektüre unterschiedliche Leseziele und bedienen sich dabei unterschiedlicher Lesestile, z. B. geht es Lesern, die einen Text schnell überfliegen, in erster Linie darum, semantische Beziehungen zwischen benachbarten Sätzen zu erkennen, während sie beim Lesen mit dem Ziel, den genauen Sinn des Textes zu erschließen, auch das Erkennen globaler Textzusammenhänge in Betracht ziehen. Bei der Suche nach Sätzen im Text, die für ihr Leseziel von Bedeutung sind, haben sie dagegen zwischen Sätzen mit wichtigen und unwichtigen Aussagen zu unterscheiden. Da sie einzelne Sätze auf ihre Relevanz für das Leseziel hin beurteilen sollen, greifen sie auf semantische Verbindungen zwischen den Sätzen zurück, um die Bedeutung einzelner Sätze zu ermitteln. Inferenzen und Elaborationen haben eine wesentliche Funktion bei der Identifikation semantischer Verbindungen, da sie dem Rezipienten ermöglichen, lokale und globale Kohärenzbeziehungen in Texten zu identifizieren (Gross, 2000). In diesem Zusammenhang verweist Gross (2000) in Anlehnung an Vonk & Noordman (1990) darauf, dass die Vorgabe eines bestimmten Leseziels eine Bedingung sein kann, unter der Inferenzen vollzogen werden, die für die Herstellung lokaler Kohärenz von untergeordneter Bedeutung sind, aber für die Erweiterung der mentalen Repräsentation des Textes hilfreich sind. Wenn das Leseziel erfordert, dass das Textverständnis die im Text nicht explizit dargestellten Informationen ableitet, führen Leser zusätzliche Arbeitsprozesse durch, um die Bedingungen des Leseziels zu erfüllen (Gross, 2000)

Gross (2000) weist darauf hin, dass das Leseziel in seiner Funktion als Leseziel innerhalb der Verstehensprozesse mit dem Vorwissen über den Inhalt des Textes und dem Wissen über Textstrukturen gleichgesetzt werden kann, und zwar deshalb, weil es einen Rahmen vorgibt, in dem die Informationen bearbeitet werden und die Menge der zu verarbeitenden Informationen beschränkt. So bestimmt das Leseziel die Art und damit oft auch die Anzahl der Informationen, die in den Verarbeitungsprozessen Berücksichtigung finden. Wenn aus einem Text nur ganz bestimmte Informationen entnommen werden sollen, wird sich der Leser auf wenige Textstellen konzentrieren. Soll hingegen möglichst viel vom Textinhalt erfasst werden, wird der Leser eine Verarbeitungsstrategie einsetzen, mit der sich viele Informationen verarbeiten lassen.

Der Zusammenhang zwischen dem Leseziel und der Art der verarbeiteten Informationen ließ sich in Studien nachweisen, bei denen den Probanden ein bestimmtes Leseziel vorgegeben wurde. Die Leser, die einen Text mit einer bestimmten Zielsetzung lasen, erinnerten sich an mehr zielrelevante Informationen als an Informationen, die für das Erreichen des Leseziels von geringer Bedeutung waren. Sie reproduzierten auch mehr zielrelevante Informationen als die Probanden, die die gleichen Texte ohne eine bestimmte Zielsetzung gelesen hatten (Kaplan & Rothkopf 1974; Rothkopf & Billington 1979, zitiert nach Gross, 2000).

Nach Gross (2000) kann die Relevanz des Leseziels für die Textrezeption zu Schwierigkeiten bei der fremdsprachlichen Verarbeitung führen, wenn die Lernenden aufgrund von Sprachdefiziten nicht in der Lage sind, semantische Beziehungen in Texten zu identifizieren. Dadurch können die Lernenden ihre Leseprozesse nicht auf ihre Ziele abstimmen, weil sie die verarbeiteten Informationen nicht kohärent in Bezug auf das Leseziel verknüpfen können. Wird jedoch die Häufigkeit, wie oft es notwendig ist, Texte vollständig zu verstehen, mit der Anzahl der Fälle verglichen, wo es ausreicht, nur Teile von Texten oder einzelne Sätze zu erfassen, um das Leseziel zu erreichen, wird klar, dass es im ersten Fall erforderlich ist, nur Teile von Texten oder einzelne Sätze zu verstehen. In diesem Zusammenhang weist Hoey (1991, 231) darauf so hin: *"Given the range of reading purposes that do not require total comprehension, we need to wean readers from the belief that they must understand every word in a text to be able to make use of it"*.

2.2 Funktion des Leseziels in Bezug auf Hypertexte

Man geht davon aus, dass das Verständnis von Hypertexten ebenfalls die Konstruktion einer propositionalen und mentalen Textrepräsentation voraussetzt. Für Konstruktion einer propositionalen und mentalen Textrepräsentation von Hypertexten ist, das Vollziehen von Inferenzen von grundlegender Bedeutung. Auch das Vorwissen kann sich fördernd auf das Verstehen von Hypertexten auswirken (Gross, 2000).

Da Hypertexte das Auffinden von Informationen in Texten erleichtern sollen, spielt das Leseziel eine wichtige Rolle bei der Konstruktion einer propositionalen und mentalen Textrepräsentation des Hypertextes. Das Ziel, bestimmte Informationen in Hypertexten zu finden, hat ebenso wie bei linearen Texten einen positiven Einfluss auf die Verstehensprozesse in Hypertexten. Hypertextleser, die ein bestimmtes Leseziel verfolgen, haben einen Rahmen, der ihnen die Unterscheidung zwischen relevanten und irrelevanten Informationen und den Aufbau von Kohärenzbeziehungen erleichtert. Hypertexte unterscheiden sich in mehrfacher Hinsicht von traditionellen Drucktexten. Es wird davon ausgegangen, dass das Leseziel für die Konstruktion von Textbedeutung in diesem Zusammenhang eine wichtige Rolle spielt. Da die Strukturierung von Informationen in Hypertexten eine hohe kognitive Anforderung an den Rezipienten darstellt, unterstützt das Leseziel, wie oben erwähnt, die Verarbeitungsprozesse dadurch, dass es einen Rahmen für die Bedeutungskonstruktion vorgibt und die Menge der zu verarbeitenden Informationen reduziert. Es kann also davon ausgegangen werden, dass das Leseziel bei Hypertexten die Verstehensprozesse unterstützt, indem es den Rezipienten ermöglicht, durch sprachliche Defizite bedingte Verstehensschwierigkeiten zu kompensieren und damit die kognitiven Anforderungen an die Sinnkonstruktion des Textes zu erleichtern (Gross, 2000).

Wie bereits erwähnt, bestimmt das Leseziel die Art und damit verbunden oft auch die Menge der vom Leser aufgenommenen Informationen, so dass das Leseziel, das die Suche nach Informationen lenkt, dem Leser bei der Rekonstruktion einer mentalen Textstruktur hilft. Die Informationsverarbeitung erfolgt dabei so, dass die Struktur der aufgenommenen Informationen so organisiert werden kann, dass der Leser die konstruierte Wissensstruktur erfolgreich für seine Ziele heranzieht. Der Zweck, mit dem ein Text gelesen wird, schafft einen Rahmen, der die Informationen in einem Text nach Relevanz auswählt und dem Leser hilft, eine kohärente Textbedeutung zu konstruieren (Gross, 2000)

In diesem Zusammenhang unterstützt das Leseziel den Rezipienten dabei, unter einer Vielzahl von Informationen diejenigen zu selektieren, die für seine spezifischen Interessen von Bedeutung sind, und die semantischen Zusammenhänge zwischen den erhaltenen Knoten herzustellen. Auf diese Weise kann eine mentale Repräsentation des Hypertextes rekonstruiert werden, in der nur diejenigen Knoten in Frage kommen, die für das Erreichen des Leseziels relevant sind. Es kann also davon ausgegangen werden, dass die Vorgabe eines Ziels die kognitiven Anforderungen, die die Herstellung der globalen und lokalen Kohärenzbeziehungen eines gesamten Hypertextes an die Verarbeitungsprozesse des Lesers stellt, reduziert, indem die Art und Anzahl der zu verarbeitenden Knoten reduziert und die Identifikation der semantischen Beziehungen zwischen den erhaltenen Informationen erleichtert wird. Diese Hypothese wird durch mehrere Studien belegt, die zeigen, dass das Verstehen von Hypertexten durch die Vorgabe eines Leseziels optimiert werden kann (Gross, 2000). Zusammenfassend lässt sich sagen, dass Leseziele die Konstruktion von mentalen Repräsentationen leiten (Schnotz,1994;Schnotz & Dutke, 2004). Der Aufbau eines kohärenten globalen Situationsmodells kann beispielsweise nur gelingen, wenn globales Textverstehen das Ziel des Lesers ist. Leseziele haben also Einfluss auf die Konstruktion multipler Repräsentationen, insbesondere der Textbasis und des Situationsmodells (Graesser et al.,1994). English et al. (2010) weisen darauf hin, dass die Sensibilität für Leseziele stark von der Art der Textrepräsentation beeinflusst wird, die der Leser bildet, z.B. wird die Qualität des Situationsmodells von den Zielen und Interessen des Lesers beeinflusst (Christmann & Groeben,1999). Überdies beeinflussen Leseziele, ob und welche Inferenzen gezogen werden sowie rahmen sie die Verarbeitungsprozesse und bestimmen die Art und Menge der zu verarbeitenden Informationen (Graesser, Singer&Trabasso, 1994).

3. Der Zusammenhang zwischen Leseziel und Lesestil

Zusammenfassung: Lesen ist eine vielschichtige Aufgabe, die eine Reihe von Kenntnissen und Fähigkeiten voraussetzt, und in diesem Zusammenhang kann der Leseprozess in Abhängigkeit von vielen Faktoren wie dem Leseziel usw. stark variieren. Daher sollte nicht davon ausgegangen werden, dass der Leseprozess immer gleich abläuft, sondern dass er von vielen Variationen beeinflusst wird. Abhängig von verschiedenen Faktoren wie dem Leseziel, der Art der Information oder der Textsorte können auch innerhalb eines Lesevorgangs verschiedene Lesestile nacheinander oder nacheinander auftreten. Es geht also um eine enge Verbindung zwischen der Art und Weise, wie man liest, also dem Lesestil, und den Gründen, warum man liest, also dem Leseziel. Didaktische Bemühungen in diesem Zusammenhang zielen darauf ab, den Lernenden zu vermitteln, dass sie einen Lesestil verwenden sollten, der an ihre jeweiligen Leseziele angepasst ist.

Keywords, Leseziel, Lesestil, Leseverstehen

Lesen ist eine komplexe Tätigkeit, die eine Kombination aus vielen Kenntnissen und Fähigkeiten erfordert. Der Leseprozess kann jedoch in Abhängigkeit von vielen Faktoren sehr unterschiedlich verlaufen, z. B. von den Zielen, den Vorkenntnissen über Sprache und Inhalt, der Aufmerksamkeit, den äußeren Umständen wie Datenträgern usw. Daher sollte man nicht davon ausgehen, dass der Leseprozess immer gleich abläuft, sondern dass es viele Varianten gibt. Selbst innerhalb eines Lesevorgangs gibt es in der Regel mehrere Lesestile aufgrund verschiedener Faktoren wie dem Interesse am Inhalt der jeweiligen Textstelle, der Art der Information oder der Textsorte (Lutjeharms 2010, S.11).

Neugebauer (2006) weist darauf hin, dass das Lesen auf sehr unterschiedliche Weise erfolgen kann, je nachdem, welche Art von Text man gerade liest, welche Informationen man aus diesem Text entnehmen möchte und warum man gerade jetzt liest. Wenn man beispielsweise nach einem bestimmten Schlüsselwort im Text sucht, kann man den Text zunächst einfach überfliegen und dann, wenn man das Schlüsselwort gefunden hat, die entsprechende Passage ausführlicher lesen. Bei einem solchen Vorgehen bedient man sich zweier verschiedener Lesestile: Zunächst liest man selektiv, indem man nach einem bestimmten Schlüsselwort sucht. Dann geht man zum detaillierten Lesen über, weil man eine bestimmte Information sucht und genau wissen will, worum es geht. Nachdem man die Information gefunden hat, kann man weiterlesen und versuchen, den Rest des Textes in seiner Gesamtheit zu verstehen. Aus diesen Erklärungen wird deutlich, dass die Art und Weise, wie man liest, oder der Lesestil, und die Gründe, warum man liest, oder das Leseziel, sehr eng miteinander verbunden sind (Westhoff, 1997).

Lesestile stehen in engem Zusammenhang mit dem gesetzten Leseziel und dem Leseinteresse (Westhoff, 2013, S.166). Im Alltag lesen Menschen verschiedene Arten von Texten und tun dies aus unterschiedlichen Gründen. Je nach Leseziele kann ein Text schneller oder langsamer gelesen werden. Daher kann man von verschiedenen Formen der Lesetätigkeit sprechen. Jeder dieser Formen liegt eine andere Absicht oder Zielsetzung zugrunde (Rampillon, 1999, 106). In diesem Zusammenhang sind die didaktischen Bemühungen darauf ausgerichtet, den Lernern zu verdeutlichen, dass sie ihren jeweiligen Lesezielen angepasste Lesestile verwenden sollen.

Zusammenfassend lässt sich sagen, dass Leseziel sowohl zur Wahl eines zielgerichteten Lesestils führt, als auch zusammen mit der angestrebten Verstehenstiefe entsprechende Lesestile bestimmt (Westhoff, 1997; Gross, 2000). Dementsprechend werden Lesestile je nach Informationsbedarf und Lesezielen eingesetzt (Weiss, 2000), so ist für das rationelle Lesen immer die adäquate Wahl des Lesestiles und ihrer entsprechenden Kombinationen im Hinblick auf Leseziele von grosser Bedeutung (Sven Oleschko (Hrsg.): Sprachsensibles Unterrichten fördern – Angebote für den Vorbereitungsdienst, ISBN 978-3-00-057524- 21.Auflage 2017 https://www.stiftung-mercator.de/media/downloads/3_Publikationen/2017/Dezember/Sprachsensibles_Unterrichten_foerdern/Buch_Sprachsensibles-Unterrichten-foerdern.pdf

Tab. 1: Leseziele und Lesestile

Leseziele	Lesestil als Lesestrategie	Beispiel
genau wissen, Wort für Wort verstehen	detailliertes Lesen (totales Lesen)	das „Kleingedruckte" in einem Vertrag
sich einen Eindruck verschaffen, das Erkennen der Hauptinformationen	globales Lesen (kursorisches Lesen)	durch Überfliegen eines Zeitungsartikels einen Endruck bekommen, wie eine Sache gerade steht (z. B. ob die Regierung dafür ist oder dagegen)
eine gewisse spezifische Information finden wollen	suchendes Lesen (Sälegierendes Lesen, selektives Lesen)	einen (manchmal recht umfangreichen Text) oder auch mehrere Texte möglichst schnell durchlesen, um z. B. herauszufinden, ob – und wenn ja – wo darin steht, wie viele Raucher im Durchschnitt eher sterben als Nichtraucher.
Herausfinden, was die Hauptsache(n) und die Nebensache(n) im Text sind	sortierendes Lesen (orientierendes Lesen)	die Hauptpunkte herausfinden, um eine Zusammenfassung machen oder entscheiden zu können, was man genauer lesen muss und was man ohne viel Informationsverlust überschlagen kann.

Quelle; Westhoff 1997,S.101-2

4. Textsortenwissen, Lesestil, -ziel und -strategie

Zusammenfassung: Wenn Texte gleiche Merkmale, Formen, Ziele aufweisen und in ähnlichen kommunikativen Situationen zum Einsatz kommen, lassen sie sich bestimmten Textsorten zuordnen. Textsortenwissen kommt eine sehr wichtige Funktion im Leseprozess zu, damit der Leseprozess erfolgreich durchzuführen ist. Lesestrategien lassen sich in der Regel auf verschiedene Weise systematisieren. Gemeinhin erfolgt jedoch in der Regel eine Klassifikation nach der jeweiligen Funktion in kognitive und metakognitive Strategien. Kognitive Lesestrategien dienen der unmittelbaren Informationsverarbeitung und werden Organisationsstrategien, Elaborationsstrategien und Wiederholungsstrategien unterschieden Metakognitive Lesestrategien planen, kontrollieren und regulieren den eigenen Strategieeinsatz und den Verstehensprozess.Die Leseziele müssen auf ein bestimmtes Leseziel ausgerichtet sein und immer im Hinblick auf ein bestimmtes Leseziel ausgewählt und auf unterschiedliche Weise eingesetzt werden. Metakognitive Lesestrategien, die sich auf die Kontrolle des eigenen Verstehens und des weiteren Strategieeinsatzes beziehen, sind besonders wichtig für die Regulation sowie die Planung des Lese- und Textverstehensprozesses. Geübte und ungeübte Leser unterscheiden sich im Einsatz der metakognitiven Lesestrategien. Geübte Leserinnen/Leser zeichnen sich dadurch aus, dass sie Lesestrategien auf der Grundlage des Leseziels und der Textanforderungen auswählen und ihre Strategie entsprechend anpassen. Bestimmte Textsorten indizieren bestimmte Lesestile indizieren. Jeder Text hat eine Funktion, so hängt das Kriterium, nach dem man einen Lesestil verwendet, meist mit der pragmatischen Funktion der jeweiligen Textsorte und der Leseabsicht, mit der man an einen Text herangeht, zusammen. Die Textsorte kann die Art und Auswahl der zu verwendenden Strategien beeinflussen. In diesem Zusammenhang sollte man Lesestrategien textabhängig auswählen

Keyword, Lesestrategien,Textsorten,Lesestile,Leseziel

Bevor man auf die Beziehung zwischen Lesestrategien, Lesezielen, Textsorten und Lesestile eingeht, werden zum besseren Verständnis die Begriffe „Textsorten und-wissen sowie Lesestrategie" erklärt.

4.1 Textsortenwissen

Der Begriff "Text" wird für die Bezeihnung aller sprachlichen Produkte verwendet, die Sprachbenutzer rezipieren, produzieren oder austauschen. Dementsprechend kann es keine sprachliche Kommunikation ohne Text an sich geben. Texte haben viele verschiedene Funktionen und unterscheiden sich entsprechend in Form und Inhalt. Verschiedene Medien werden für verschiedene Zwecke herangezogen. Unterschiede in Medium, Zweck und Funktion führen zu entsprechenden Unterschieden nicht nur im Kontext von Mitteilungen, sondern auch in deren Organisation und Präsentation. Daher lassen sich Texte in verschiedene Arten von Texten unterteilen, die unterschiedlichen Gattungen zuzuordnen sind. (Europarat, 2001: Gemeinsamer europäischer Referenzrahmen für Sprachen: Lernen, Lehren, Beurteilen, Kapitel 4.6)

Weisen Texte gleiche Merkmale, Formen, Ziele auf und kommen sie in ähnlichen kommunikativen Situationen zum Einsatz, lassen sie sich bestimmten Textsorten zuordnen. Unter Textsorte versteht man einen bestimmten Typus von Text, der charakteristische formale, inhaltliche und funktionale Merkmale aufweist (Bußmann, 1990, S.781; Heinemann&Viehweger, 1991, S.129ff).

Nach Brinker (2005) sind Textsorten allgemein geltende Muster für komplexe Sprechhandlungen und können durch typische Kombinationen von inhaltlichen, kommunikativ-funktionalen und strukturellen Merkmalen charakterisiert werden. Eine Textsorte beinhaltet demnach all jene Texte, die die gleiche kommunikative Funktion erfüllen, ähnlich strukturiert sind und in einem entsprechenden Kontext stehen (Fischer, 2009).

In der Leseforschung und -didaktik besteht Einigkeit darüber, dass Lesen nicht nur das Erkennen von Buchstaben ist, sondern eine interaktivkonstruktive Handlung, durch die der Inhalt von schriftlichen Äußerungen erschlossen wird. Der Prozess des Lesens beruht auf der Interaktion zwischen Text und Rezipient, die sowohl daten- als auch erwartungsgeleitet ist (Westhoff, 1997, S.47). Zum einen gelangen datengeleitete Informationen aus dem Text zum Leser, zum anderen nimmt der Leser eine Erwartungshaltung gegenüber dem Text ein, wenn er im Verlauf des Leseprozesses Hypothesen über den Inhalt und die sprachliche Form der folgenden Textteile aufstellt (Stahl, 2006; Westhoff,1997, S.4). Dazu aktiviert er sein Vorwissen über die jeweilige Textsorte, wendet es auf den Text an, was wesentlich zur Entlastung des Textes im Leseprozess beiträgt und antizipiert bestimmte Informationen. Textsortenwissen unterstützt und steuert insbesondere in Form von Antizipation bei der erwartungsgeleiteten Textverarbeitung (Westhoff, 1997, S.47). Studien aus der kognitiven Psychologie schreiben den Textsorten eine grundlegende Bedeutung zu. Laut Kognitionspsychologen wird das Wissen über Textsorten während des Kommunikationsprozesses sowohl vom Produzenten als auch vom Rezipienten aktiviert, was wesentlich dazu beiträgt, die schema-geleiteten Prozesse [...] der Textrezeption zu erleichtern (Heinemann&Viehweger,1991, S.129-130; Steck et al. 2006, S.12).

In diesem Zusammenhang kommt den Textsorten eine sehr wichtige Funktion im Leseprozess zu, damit der Leseprozess erfolgreich durchgeführt werden kann (Köster, 2005c, S.34). Storch (1999) stellt fest, dass die Kenntnis von Textsorten einen effizienten Umgang mit Texten und eine adäquate Extraktion von benötigten Informationen aus Texten gewährleistet. Huneke&Steinig (2013, S.146) weisen darauf hin, dass Textsorten bestimmte Erwartungen an die typische Struktur verschiedener Textsorten hervorrufen, die durch eine entsprechende Gliederung und Zwischenüberschriften sowie durch das Wissen um den Zweck des Textes erzeugt werden und vielfältig einsetzbar sind. Darüber hinaus kann das Wissen über die Struktur und den Aufbau von Texten die Rezeption des Textinhalts im Sinne einer Vorstrukturierung vereinfachen und die Lesegeschwindigkeit erhöhen (Artelt&Dörfler, 2010).

4.2 Lesestrategien

Lesen bedeutet, Informationen systematisch und aktiv zu verarbeiten. Dabei helfen Strategien als mentale Werkzeuge (Maik, 2015). Das Lesen selbst besteht aus einer Vielzahl von Aufgaben wie dem Wahrnehmen von Wörtern, dem Herstellen von Zusammenhängen, dem syntaktischen Zerlegen von Sätzen usw. Wie diese Aufgaben gelöst werden und mit welcher Technik Informationen aufgenommen werden, wird durch eine der Lesestrategien bestimmt, die allgemein als mentaler Handlungsplan zur Erreichung eines Leseziels verstanden werden (Ehlers, 1998). Damit sind Lesestrategien Werkzeuge zur Planung und Steuerung des Leseprozesses.

Strategien sind bewusst gewählte und selbstgesteuerte Vorgehensweisen und Verstehenshandlungen beim Lesen und werden systematisch, flexibel und zielgerichtet zum Aufbau von Verständnis und zur Nutzung von Texten sowie zur Lösung von Verstehensproblemen herangezogen (Solmecke, 1993, S.101; Spinner, 2010, S.120; Maik, 2015) und gehören zu den kognitiv anspruchsvollen, hierarchiehohen Prozessen des Lesens und fördern somit in unterschiedlicher Weise hierarchiehohe Verstehensprozesse (Dannecker& Schmitz, 2019).

Lesestrategien lassen sich in der Regel auf verschiedene Weise systematisieren, etwa nach ihrer Funktion, nach dem Zeitpunkt ihres Einsatzes usw. Gemeinhin erfolgt jedoch in der Regel eine Klassifikation nach der jeweiligen Funktion in kognitive und metakognitive Strategien (Artelt &Dörfler, 2010, S.29; Westhoff, 1997; Ehlers, 1998; Mandl&Friedrich, 2006).

4.2.1 Kognitive Lesestrategien

Kognitive Lesestrategien zielen darauf ab, den Informationsverarbeitungsprozess zu regulieren (Boekaerts, 1999; Weinstein&Mayer, 1986) und beeinflussen auf diese Weise übergeordnete kognitive Verarbeitungsprozesse beim Lesen (Gold, 2018, S.20; Rosebrock&Nix, 2017, S.72). Der Gebrauch von kognitiven Lesestrategien, die sich auf die Unterstützung einzelner kognitiver Verarbeitungsprozesse während des Lesens beziehen, soll demnach ein tieferes und vor allem nachhaltigeres Verständnis des im Text dargestellten Sachverhalts - die Bildung eines Situationsmodells - bewirken (Schnotz, 2000, S.501). In der direkten Auseinandersetzung mit einem Text werden sie zur Organisation, Selektion und Elaboration von Textinformationen eingesetzt und stellen damit Formen der lesergeleiteten Verarbeitungssteuerung dar, die die Abfolge und Gewichtung der einzelnen Verarbeitungsprozesse beeinflussen, um den Erwerb, das Einprägen sowie den Abruf und die Anwendung von Wissen zu verbessern"(Richter&Schnotz, 2018, S.836; Schnotz, 2000, S.501).

In Abhängigkeit von den unterschiedlichen Zielen, die mit dem Einsatz kognitiver Lesestrategien erreicht werden sollen, lassen sich in Anlehnung an die Differenzierung von Lernstrategien in Anlehnung an Weinstein und Mayer (1986) auch für den Leseprozess Organisations-,

Elaborations- und Wiederholungsstrategien differenzieren (Philipp, 2012; Rosebrock&Nix, 2017).

4.2.1.1 Organisationsstrategien

Organisationstrategien haben die Funktion, neues Wissen zu organisieren und zu strukturieren, indem die zwischen einzelnen Wissenselementen bestehenden Verknüpfungen bestimmt werden (Mandl &Friedrich 2005). Organisatorische Strategien dienen der Zusammenfassung von Informationen und der Bildung von Bildern übergeordneter Kategorien mit ihren Komponenten Auslassung, Selektion, Generalisierung, Bündelung und Integration (Ehlers, 1998, S.85). So können sie als Verfahren verstanden werden, die der Strukturierung und Reduktion textimmanenter Informationen dienen und so eine Verdichtung des Textes bewirken (Gold, 2018, S.91; Philipp, 2012, S.43f; Rosebrock & Nix, 2017, S.80).Dadurch wird die Information "kognitiv leichter verarbeitbar" (Friedrich&Mandel, 2006, S.12) und ermöglicht somit eine komplexere Verarbeitung. Zu den möglichen Organisationsstrategien zählen das Überfliegen des Textes, das Hervorheben, Markieren oder Unterstreichen von Textstellen, das Zusammenfassen von Textaussagen, das Einteilen eines Textes in Sinnabschnitte, das Generieren von Oberbegriffen für Textabschnitte oder auch die visuelle oder grafische Umstrukturierung des Textes (Gold, 2018, S.91; Friedrich&Mandl, 2006, S.4; Philipp, 2012, S.43f., 2015, S.43; Rosebrock&Nix, 2017, S.80f.).

Der gezielte Einsatz von Organisationsstrategien vor der Lektüre, wie z. B. das Überfliegen des Textes, kann nicht nur Aufschluss über die Länge oder Struktur des Textes geben, sondern dem Leser auch Hinweise darauf liefern, ob der Text für die Erreichung des angestrebten Ziels überhaupt relevant ist oder an welchen Stellen im Text sich die wichtigsten Abschnitte befinden (Gold, 2018, S.93; Duke&Pearson, 2002; Pressley, 2002, S.294; Rosebrock&Nix, 2017, S.80). Während oder nach der Lektüre lassen sich als wichtig erkannte Textstellen markieren oder zusammenfassen werden, eine grafische Darstellung der im Text dargestellten Sachverhalte erstellen oder Randnotizen machen, um Textinformationen zu strukturieren, zu reduzieren und zu verdichten (Philipp, 2012, S.44; Rosebrock& Nix, 2017, S.80f.). Durch die Anwendung von geeigneten

Organisationsstrategien können textstrukturelle Ordnungsprozesse unterstützt werden. Strategien zur Zusammenfassung von Textinformationen haben vor allem eine reduktive Funktion, durch die eine Fülle von Detailinformationen (Mikropropositionen) auf wesentliche Informationen (Makropropositionen, Subthemen) reduziert werden; in diesem Zusammenhang helfen sie bei der Konstruktion lokaler Textzusammenhänge sowie globaler Textzusammenhänge, die die Bildung einer textlichen Basis ermöglichen (Mandl/Friedrich 2005).

4.2.1.2 Elaborationsstrategien

Im Unterschied zu Organisationsstrategien dienen Elaborationsstrategien nicht der Verdichtung, sondern der Anreicherung des Textes (Gold, 2018, S.93). Elaborationsstrategien dienen dazu, neue Informationen in bestehende Wissensstrukturen zu integrieren, insbesondere durch die Aktivierung von Vorwissen, um "Anknüpfungspunkte" für neues Wissen zu schaffen (Mandl&Friedrich 2005). Sie unterstützen durch das Herstellen von Verbindungen zwischen Textinformationen und individuellem Vorwissen oder subjektiven Einstellungen der Lesenden die Entwicklung eines tieferen Textverständnisses sowie eine inhaltliche Fixierung des Textes in den individuellen Wissensstrukturen der Lesenden (Philipp, 2012, S.44; Pressley et al.,1998; Rosebrock&Nix, 2017, S.81). So wirken textbasierte (bottom-up) und wissensbasierte (top-down) Verarbeitung zusammen (Gold, 2018, S.50).

Zu den elaborativen Strategien gehören neben der Aktivierung von Vorwissen vor allem das Formulieren von Fragen zu einem Text und das Entwickeln von Vorstellungsbildern, aber auch z.B. der Vergleich eines Textes mit anderen (bekannten) Texten oder die Beantwortung der Frage, ob der Text die an ihn gestellten Erwartungen erfüllt (Mandl&Friedrich 2005). Die vor dem Lesen eingesetzten Elaborationsverfahren fördern Verstehensprozesse beim Lesen, da sie durch die Aktivierung möglicher Anknüpfungspunkte im Vorwissen das bewusste Ziehen von wissensbasierten Schlussfolgerungen erleichtern (Anderson & Pearson, 1984; Pressley, 2002, S.295). Während oder auch nach der Lektüre können Leserinnen und Leser zum Beispiel darauf zurückgreifen, eigene Fragen zum Text zu formulieren, Textstellen zu interpretieren oder Beispiele zu finden, die einzelne Aspekte des Textes veranschaulichen und so die Textgrundlage mit zusätzlichem individuellen Wissen anreichern (Gold, 2018, S.93; Philipp, 2012, S.44; Rosebrock&Nix, 2017, S.82). So werden die Bildung eines umfassenden Situationsmodells, das sowohl text- als auch wissensbasierte Informationen enthält, und die Integration neuer Informationen in bereits bestehende kognitive Wissensstrukturen unterstützt. Dadurch wird das Abrufen von textimmanenten Informationen zu einem späteren Zeitpunkt erleichtert (Gold, 2018, S.93; Friedrich & Mandl, 2006, S.2; Philipp, 2015, S.42). Elaborationsstrategien dienen somit insbesondere dem Lernen aus Texten (van Dijk&Kintsch, 1983, S.335).

4.2.1.3 Wiederholungsstrategien

Wiederholungsstrategien sind ebenfalls auf den Aspekt des Lernens aus Texten bezogen. Sie zielen weniger auf das Textverständnis an sich ab, sondern vielmehr auf das langfristige Behalten von verstandenen Textinformationen (Gold, 2018, S.93; Philipp, 2012, S.43). Als Beispiele für Wiederholungsstrategien gelten das Wiederlesen, Kopieren oder Auswendiglernen eines Textes oder einzelner Textabschnitte (Gold, 2018, S.93; Philipp, 2012, S.43; Rosebrock&Nix, 2017, S.82). Gold (2018) weist jedoch in Bezug auf den Einsatz von Wiederholungsstrategien beim Lesen darauf hin, dass diese "nur dann eingesetzt werden sollten. wenn die Phasen der reduktiven und elaborativen Informationsverarbeitung bereits durchlaufen wurden" (S. 93), da sonst die Risiko besteht, dass Leserinnen und Leser etwas auswendig lernen, was gar nicht verstanden wurde (ebd.).

So geht es auf der Ebene der kognitiven Strategien darum, beim Lesen in der Fremdsprache je nach Leseziel unterschiedliche Lesestile einzusetzen, Analogien zu erkennen und zu bilden, Bedeutungen zu kombinieren und zu erschließen (Rampillon, 1995, S.262).

4.2.2 Metakognitive Lesestrategien

Während kognitive Lesestrategien auf die mentale Verarbeitung des Textinhalts abzielen, werden metakognitive Lesestrategien eingesetzt, um die kognitive Abläufe während des Leseprozesses durch bewusste Reflexion kontrollieren, steuern und regulieren (vgl. Hasselhorn, 1992; Gold, 2018, S.93).So beziehen sie sich nicht unmittelbar auf die Leseinhalte, sondern auf die Leseprozesse. Da metakognitive Lesestrategien "mehr auf die mentale Auseinandersetzung mit dem Text als auf den Text selbst ausgerichtet sind", sind sie den kognitiven Lesestrategien überlegen (Philipp, 2015, S.43; Klauer&Leutner, 2012, S.163). Metakognitive Lesestrategien beeinflussen und regulieren somit indirekt den kognitiven Informationsverarbeitungsprozess (ebd.). Das Grundziel der Metakognition ist es, sich auf die eigenen Denk- und Handlungsprozesse zu fokussieren, um die Fähigkeit zu erhalten, den eigenen Lern- oder Leseprozess zu planen, zu beobachten und zu bewerten (Veenman et al., 2006).

Müller und Richter (2014) konstatieren in Bezug auf den Einsatz metakognitiver Lesestrategien, dass damit das Textverstehen im Hinblick auf Verstehensprobleme auf den verschiedenen Ebenen kontrolliert und die Strategien des Leseprozesses geplant und koordiniert werden können. Dole et al. (1991) beschreiben dabei, dass "gute Leser besser als schlechte Leser sind, nicht nur im Hinblick auf das Lesen, sondern auch auf die Überwachung, Kontrolle und Anpassung ihrer strategischen Prozesse beim Lesen" (S. 246). Die Überlegenheit der kompetenten Leser beruht also darauf, dass sie in der Lage sind, die kognitiven Anteile ihres Leseprozesses durch den Einsatz metakognitiver Lesestrategien selbst zu steuern und zu regulieren. Metakognitive Lesestrategien umfassen demnach Selbstkontrollaktivitäten, die sich auf die Planung, Überwachung und Regulierung der kognitiven Prozesse des gesamten Leseprozesses sowie auf die Reflexion desselben im Hinblick auf das erlangte Textverständnis und die eingesetzten kognitiven Strategien beziehen (Dole et al., 2009; Hasselhorn, 1992; Leutner&Leopold, 2006; Souvignier&Mokhlesgerami, 2006; Zimmerman, 2002; Boekaerts, 1999). Zusammenfassend kan man sagen, dass metakognitive Lesestrategien der Planung, Überwachung und Regulation des eigenen Vorgehens beim Lesen und Verstehensaufbau dienen und v.a. in den Phasen der Vorentlastung, des Umgangs mit Verstehensschwierigkeiten und der Textreflexion zum Einsatz kommen und beim Leseprozess miteinander interagieren.

4.2.2.1 Planen

Planen umfasst das Analysieren von Texten oder Aufgaben und das Auswählen entsprechender Lesestrategien (vgl. Philipp, 2012). So gehört zum

Planen des Leseprozesses die Analyse der Leseaufgabe, das Auswählen einer kognitiven Lesestrategie. In diesem Zusammenhang beinhalten Planungsaktivitäten die Organisation des Leseprozesses, die Formulierung eines allgemeinen Lesezieles und die Auswahl der richtigen Lesestrategie angesichts eines zuvor gesetzten Lesezieles und des thematischen und strategischen Vorwissens (Zimmerman, 2002, S.67; Gold, 2007, S.51) sowie die Untergliederung des Lese- bzw. Lernziels in konkrete Unterziele und einzelne Schritte (Philipp, 2012). Wie aus den vorangegangenen Erklärungen hervorgeht, sind Leseziele, die gute Leserinnen und Leser vor und während des Leseprozesses setzen, für die Planung des Leseprozsses grundlegend (Schnotz, 1994; Schnotz&Dutke, 2004). Die Leser müssen auch lernen, dass die Leseziele je nach der Aufgan-benstellung variieren können und dass die Lesestrategien in diesem Zusammenhang an die sich ändernden Leseziele anzupassen sind (ebd., 1988).

Cain (1999) weist darauf hin, dass sich Leser mit guten und schlechten Textverständnisfähigkeiten in Bezug auf die Verstehensstrategien voneinander unterscheiden, die sie hinsichtlich bestimmter Leseziele für angemessen halten. Ebenso haben schlechte Leser häufig andere subjektive Auffassungen zum Lesen als gute Leser (Cain, 1999). Sie betrachten das Lesen eher als eine Wortentschlüsselung denn als eine Bedeutungserstellung (Oakhill&Cain, 2007, S.67; Cain, 1999; Garner&Kraus, 1981-82). Die Schüler müssen im Laufe der Leseentwicklung lernen, dass Lesen über das Dekodieren von Wörtern hinausgeht. Sie müssen sich dabei bewusst werden, dass der Hauptzweck darin besteht, dem Text eine Bedeutung zu entnehmen, und dass das Dekodieren nur ein Mittel zum Zweck ist (Oakhill&Garnham, 1988, S.118). Selbst wenn sie über gute Dekodierfähigkeiten verfügen, tendieren sie folglich dazu, sich auf das Wortlesen zu konzentrieren. Folglich ist ihr Leseziel eher auf das Verstehen einzelner Wörter ausgerichtet (Schnotz, 1994).

4.2.2.2 *Überwachungsstrategien*

Um das eigene Textverstehen sicherzustellen, müssen Leserinnen und Leser ihren Verstehens- prozess kontinuierlich überwachen und dabei neue Informationen mit dem bisher gebildeten mentalen Teilmodell abgleichen und auf Inkonsistenzen und Plausibilität hin überprüfen. In diesem

Zusammenhang zielen Überwachungsdsstrategien darauf ab, den Leseprozess und den Leseerfolg bewusst zu steuern, Verständnisfragen zu stellen und die eigene Aufmerksamkeit beim Lesen gezielt zu kontrollieren. Überwachungsdsstrategien dienen dazu, Verstehensschwierigkeiten zu erkennen, das Erreichen des Leseziels zu überprüfen und ein Zwischenfazit zu ziehen und den Leseprozess zu steuern, wobei das eigene Leseverhalten im Hinblick auf das erreichte Textverständnis und den Einsatz von Strategien beobachtet und bewertet wird. Um das eigene Textverständnis zu sichern, muss der Leser seinen Verstehensprozess ständig überprüfen, indem er das bisher gebildete mentale Teilmodell mit neuen Informationen abgleicht und auf Inkonsistenzen und Plausibilität überprüft (Zimmermann, 2002). Kompetente Leserinnen und Leser überwachen ihren Leseprozesses, d. h. sie überprüfen kontinuierlich, ob sie einen Text verstehen und den Inhalt aus dem Gedächtnis wiedergeben können.

4.2.2.3 Regulierungsstrategien

Nicht nur das Wissen über metakognitive Lesestrategien und das Überwachen des Verstehensprozesses sind für das Verstehen von Texten wichtig, Strategien sind auch je nach Leseziel oder bei auftreten- den Verständnisschwierigkeiten flexibel anzuwenden (Cain, 1999). In diesem Zusammenhang ermöglichen Regulierungsstrategien den Leseprozess und Strategieeinsatz adaptiv anzupassen, und entsprechende Strategien, falls die bisherigen nicht wirksam waren, auszuwählen. Gute und schlechte Leser unterscheiden sich im Einsatz der Regulierungsstrategien. Leser mit schlechten Lesekompetenzen können ihr Leseverhalten zu selten an adäquat veränderte Ziele anpassen. Zudem wissen Lesende mit unterdurchschnittlichen Kompetenzen weniger, mit welchen Lesestrategien sie Verständnisproblemen adäquat umgehen können (Cain, 1999). Bei auftretenden Problemen im Verstehensprozess sind sie daher oft nicht in der Lage, flexibel und zielgerichtet zu reagieren.

Kompetente Leserinnen und Leser überwachen ihren Leseprozesses, Stellen diesbezügliche Probleme fest, regulieren selbstständig ihren Leseprozess, indem sie beispielsweise eine andere kognitive Lesestrategie wählen oder eine Pause einlegen, um anschließend konzentriert weiterlesen zu können.

4.3 Lesestrategien mit Lesezielen, Lesestilen

Die Forschungsliteratur ist durch eine Vielzahl unterschiedlicher Definitionsversuche des Strategiebegriffs in Bezug auf das Lesen gekennzeichnet. Nach Bimmel (2002, S.117) sind Lesestrategien bewusste mentale Handlungen des Lesens, die vom Leser situationsabhängig eingesetzt werden, um ein bestimmtes Leseziel zu erreichen. Lesestrategien haben die Funktion, grundlegende Verarbeitungsverfahren und Arten der Informationsaufnahme oder Lesestile während des Lesens zu steuern und zu kombinieren, um das Ziel des Lesens zu erfüllen. Lesestrategien treten in diesem Zusammenhang immer in Verbindung mit Leseformen. Eine Leseform, die zur Lösung eines Leseproblems eingesetzt wird, wird nach Ehlers (1998, S.247) zu einem Handlungsschritt innerhalb eines Aufgabenkontextes und erhält den Charakter einer Strategie.

Nach Kaufmann et al. (2012), Ehlers (1998, S.80) und Weiss (2000) ist Lesestrategie ein mentaler Plan, den der Lesende entwickelt, um ein bestimmtes Leseziel zu erreichen. Eine Lesestrategie ist nach Rosebrock & Nix (2014, S.85) eine "geplante mentale Leseaktivität", die es ermöglicht, das Leseziel der effizienten Verarbeitung von Textmaterial oder eine Abfolge von mentalen Handlungen, die darauf abzielen, ein bestimmtes Leseziel zu erreichen (Bimmel, 2008). Punz (2017), Streblow (2004) und Rosebrock&Nix (2012, S.59f.) behaupten, dass Lesestrategien als „mentale Werkzeuge" (Rosebrock& Nix, 2008, S.59) praktisch und operativ auf ein bestimmtes Leseziel ausgerichtet sein müssen. Philipp (2012, S.42) zufolge sind Lesestrategien wirksame Werkzeuge, die immer im Hinblick auf ein bestimmtes Leseziel ausgewählt und auf unterschiedliche Weise eingesetzt werden (Philipp 2012, S.42). Nach Kaufmann et al. (2008) sin auch der gleichen Meinung und behaupten, dass kognitive Lesestrategien in Bezug auf das Leseziel sorgfältig ausgewählt und eingesetzt werden. Nach Afflerbach et al. (2008) und Dole et al. (2009, S.348) meinen, dass Lesestrategien zu Erreichung eines bestimmten Zieles gezielt ausgewählt werden.

Nach Kaufmann et al. (2012) können Strategien [...] als Wenn-Dann-Sätze formuliert werden, z. B. wenn das Ziel ist, das Thema eines Textes zu erfassen, dann liest man den Text nicht Wort für Wort, sondern überfliegt ihn und versucht, die wichtigsten Informationen zu markieren. Eine besonders wichtige Frage, die man sich stellen sollte, bevor man sich für eine Strategie entscheidet, ist laut Gold (2007) „Mit welchem Ziel lese ich den Text?", denn die Antwort auf diese Frage bestimmt, welche Lesestrategie am besten geeignet ist.

Die oben genannten Definitionen und Erklärungen deuten darauf hin, dass die Leseziele eng mit den verschiedenen Lesestrategien verknüpft sind und eine entscheidende Rolle bei deren Anwendung spielen. Westhoff (1997, S.102) meint, dass Lesestile und Lesestrategien nicht beziehungslos nebeneinander stehen (…). Beim Lesen sowohl in der Muttersprache als auch in der Fremdsprache erfordern die unterschiedlichen Leseziele, dass der Leser verschiedene Lesestile wählt. Natürlich muss man die konkreten Lesestrategien anwenden, die ihnen angemessen sind. Ein Leseziel könnte zum Beispiel sein: Man möchte einen Text so gut verstehen, dass man die Zusammenhänge der Gedanken des Textes erkennen kann. In diesem Fall könnte man sich für einen orientierenden Lesestil entscheiden, denn das orientierende Lesen dient dem Leseziel, die Hauptinformationen herauszuarbeiten. Die strategischen Lesehandlungen können in diesem Fall darin bestehen, die innere logische Struktur des Textes zu erkennen, z.B. indem man den Text in Sinnabschnitten liest, die Verknüpfung der Kernbegriffe visuell darstellt oder die Textkonnektoren verwendet, usw. (Westhoff, 1997; Horst, 2018). In diesem Fall werden organisierende Lesestrategien verwendet.

Oder wenn man möglichst schnell möglichst viel vom Textinhalt erfassen und erste Leseeindrücke sammeln möchte, kann man die Strategie des " Überfliegenden Lesens" (Prexl, 2017) anwenden. Mit diesem Lesestil kann man sich zunächst einen ersten Überblick über den Text verschaffen und dann entscheiden, ob es sich überhaupt lohnt, tiefer in den Text einzusteigen. Das kursorische Lesen ist die Strategie der Wahl, wenn es darum geht, sich einen Überblick über den Inhalt des jeweiligen Themas zu verschaffen. Beim kursorischen Lesen wird der gesamte Text in einem relativ schnellen Tempo überflogen. Dabei können erste Markierungen im Text gemacht oder kurze Notizen auf einer Beilage gemacht werden. Auch in diesem Fall werden organisierende Lesestrategien eingesetzt (Ertl-Schmuck et al., 2015).

Wenn man z.B nach bestimmten inhaltlichen Aspekten, etwa nach Schlüsselbegriffen oder Zahlen sucht, kann man in diesem Fall die Strategie zum kursorischen Lesen einsetzen. Man liest den Text bereits mit einem bestimmten Fokus (Prexl, 2017). Diese Strategie ist nützlich, um nach Schlüsselbegriffen oder Zahlen zu suchen oder in bereits gelesenen Texten Zitate oder Ähnliches wiederzufinden. In der Regel sichtet man dabei den gesamten Text und konzentriert sich auf vorher definierte Informationen und Reizworte (ordnende/organisierende Strategien) (Warnecke, 2018).

Der Übergang von einer Strategie zur anderen kann je nach Leseziel oder Schwierigkeitsgrad des Textes fließend sein, z. B. ist der Übergang vom kursorischen zum gründlichen Lesen oft fließend, vor allem bei schwierigeren Texten. Wenn man zum Beispiel merkt, dass man beim flüchtigen Lesen immer wieder über Begriffe oder Fachwörter im Text stolpert, deren Bedeutung sich nicht hinreichend aus dem Kontext erschließt, muss man tiefer in den Text eindringen. Das kann bedeuten, einzelne Passagen mehrmals zu lesen (Wiederholungsstrategie), Nachschlagewerke zu konsultieren, sich stellenweise genauere Notizen zu machen (Ordnungsstrategie), mehrere Texte miteinander zu vergleichen usw. (Ertl-Schmuck et al, 2015). In diesem Zusammenhang ist die Wahl der Lesestrategie an dem Ziel auszurichten.

Auch Lehnen (2018) weist auf das Zusammenspiel von Lesezielen, Lesestilen und Lesestrategien hin, indem er feststellt, dass das Lesen in der Regel mit einem bestimmten Ziel und pragmatischen Anliegen einhergeht, die die Art des Lesens und die Textverstehensstrategie determinieren. Lesen kann dazu dienen, ein praktisches, nicht-sprachliches Problem zu lösen, z. B. wenn das flüchtige Lesen der Gebrauchsanweisung die Einstellung eines Geräts anleitet und unterstützt. Lesen kann auch der Lösung eines argumentativen Problems dienen, etwa wenn die eigene Argumentation durch die selektive Lektüre eines oder mehrerer fremder Texte unterstützt wird und Aussagen aus diesen Texten als Referenzen in den eigenen Text übernommen werden.

Es wird dabei sofort deutlich, dass die Lesehandlungen in beiden Fällen wahrscheinlich durch eine gezielte Suche nach bestimmten Textelementen gekennzeichnet sind, was bedeutet, dass ein Überfliegen des Textes wahrscheinlicher ist als ein detailliertes und vollständiges Lesen. Das Lesen verläuft also nicht immer als ein geordneter linearer Prozess, bei dem Sätze, Absätze und Textteile nacheinander erfasst und konsequent weggelesen werden. Zu den unterschiedlichen Strategien im Umgang mit Texten und textbasierten Materialien können das konzentrierte, langsame Lesen, aber auch das Überfliegen und Überspringen sowie das sehr selektive Lesen gehören (Lehnen, 2018). Philipp (2015) unterscheidet in diesem Zusammenhang zwischen kognitiven Elaborationsstrategien, die auf das Behalten ausgerichtet sind, und kognitiven Organisationsstrategien, die auf das Erkennen von Zusammenhängen und die Organisation von Wissen ausgerichtet sind. Wie aus den vorangehenden Ausführungen ersichtlich wird und Afflerbach et al. (2008) betonen, sollten Lesestrategien für ein effektives Leseverstehen immer in Abhängigkeit von den Lesezielen ausgewählt und angewendet werden (...) (Nieweler 2006, S.116 f., Ehlers, 2006). Nach Tesch (2010) beschränkt sich das Lesen nicht nur auf das Dekodieren, d.h. das wortweise Verstehen. Vielmehr wird beim Lesen ein Netzwerk von mentalen Aktivitäten in Gang gesetzt, wobei auch Lesestile und Lesestrategien aktiviert werden, die je nach Leseziel variieren können. Dementsprechend ist es auch zu betonen, dass es die eine für alle Lesesituationen passende Strategie nicht gibt. Vielmehr muss bezogen auf das jeweilige Leseziel ein Repertoire an Strategien verfügbar sein.

Es geht nicht nur um einen Zusammenhang zwischen Lesezielen und kognitiven Lesestragien, sondern auch zwischen Lesezielen und metakognitiven Lesestrategien.

Wie schon erwähnt, dienen metakognitive Strategien der bewussten Planung und Kontrolle des eigenen Leseprozesses (Bimmel, 2002, S.122-123). Metakognitive Strategien, die die Kontrolle des eigenen Verstehens und des weiteren Strategieeinsatzes umfassen, sind besonders wichtig für die Regulation sowie die Planung des Lese- und Textverstehensprozesses (Artelt&Dörfler, 2010; Schreblowski&Hasselhorn, 2006, S.152).

Innerhalb der metakognitiven Domäne werden zwei Teilbereiche unterschieden, zwischen denen vielfache Wechselbeziehungen angenommen werden: metakognitives Wissen und Steuerungsprozesse (ie. das bewusste Planen, Überwachen und Bewerten kognitiver Prozesse). Bei dem ersten Kompetenzbereich handelt es sich um die Reflexionsfähigkeit. Dazu gehört sowohl das Wissen über die eigenen kognitiven Handlungen als auch das Wissen darüber, wie diese optimal auszuführen sind (Bimmel, 2002, S.122-123, zitiert nach Feng, 2011).Der zweite Kompetenzbereich bezieht sich auf die Fähigkeit, die eigenen kognitiven Handlungen zu steuern. Dies impliziert die Planung, Überwachung und Evaluierung der ablaufenden

Tab. 2: Zusammenhang zwischen kognitven Lesestrategien und Lesezielen

Leseziel: Den Text strukturieren und auf seine wesentlichen Kernaussagen reduzieren (Gold: 2010, S.48):	**Kognitive Lesetrategie- Ordnende Lesestrategien:** - Wichtige Textstellen unterstreichen oder markieren. - Sinnvolle Überschriften für einzelne Textabschnitte formulieren/finden. - Die Kernaussage eines Textes oder Textabschnittes zusammenfassen. - Einen zentralen Satz pro Abschnitt herausschreiben. - Die Schlüsselwörter/ Stichwörter eines Textes oder Textabschnittes zusammenstellen. - Den Argumentationsgang (den,, roten Faden") des Textabschnittes bherausarbeiten. - Stellen im Text markieren, an denen das Thema bzw. die Argumentation wechselt. - Strukturmarkierende Hinweise identifizieren. - Wichtige Aussagen im Text finden. - Argumentationsstrukturen markieren (z.B. Thesen finden, Beispiele benennen). - Eine,, Mindmap" des Textes erstellen, in der die Haupt- Unterideen identifiziert und in eine graphische Ordnung gebracht werden. - Eine Netzwerkkarte des Textes erstellen, in der die Kernideen des Textes mit deren semantischen Verknüpfungen graphisch dargestellt werden (z.B. das Verhältnis zwischen Begriff- Definition, Begriff- Beispiel, Begriff- Spezifikation, Bedingung, Vergleich, zeitlich Abfolge usw.) (Gold, 2010, S.48)

(wird fortgeführt)

Tab. 2: Fortsetzung

Leseziel: Über die unmittelbare Textebene bewusst hinausgehen (elaborieren), um den Textinhalt gezielt mit Vorwissen, Gefühlen, Meinungen, inneren Bildern usw. des Lesers in Beziehung zu setzen (Gold, 2010, S.48ff)	**Kognitive Lesestrategie- Elaborierende Lesestrategien:** - Vor der Lektüre eigenständig formulierte Fragen oder Voraussagen über den Textinhalt/den Textverlauf während bzw. nach der Lektüre beantworten oder überprüfen (Gold, 2010, S.48ff) - Textstellen oder Textabläufe visualisieren (Gold, 2010, S.48ff): - als mentale Beschreibung, zum Beispiel:,, Versuche, dir den zeitlichen Ablauf der geschilderten Ereignisse bildlich vorzustellen"., Stelle dir den Text im geschriebenen Gegenstand so genau wie möglich vor. " - als graphische Illustration, zum Beispiel:,, Zeichne den im Text beschriebenen Gegenstand auf"; Gib den Ablauf des Textes in Form einer Bildergeschichte wieder. " - Gezielt persönlich Assoziationen initiieren(Gold, 2010, S.48ff): Zum Beispiel:,, Welche Textstellen können mit persönlichen Erlebnissen und Erfahrungen verbunden werden? ",, Für welche Sachverhalte können persönliche Beispiele gefunden werden? " (alle Zitate aus Rosebrock &Nix, 2011, S.64). - Die eigene Leseerfahrung am Textrand mit notieren. - Absätze oder Sätze in eigenen Worten wiedergeben. - Pro- und Contra- Diskussion zum Zentralthema. - Das Gelesene mit einem zweiten Text vergleichen (Gold, 2010, S.50)

Tab. 2: Fortsetzung

Leseziel: Sich vor oder während der Lektüre Gedanken über potenziellen Inhalt des Buches oder Textes machen und eine entsprechende Erwartungshaltung zum Text aufbauen (Rosebrock&Nix, 2011, 64; Ehlers, 1998, S.87ff).	**Kognitive Lesestrategie- Lesestrategien des Vorhersagens** - Hypothesen über den Text bilden - Vorhersagen treffen aufgrund von Textmerkmalen, wie Titel, Anfangssatz, Bilder - Antizipieren aufgrund des Kontextes, Wissen über den Autor - Antizipieren aufgrund des Wissens über die Textsorte (Rosebrock& Nix 2011, S.64; Ehlers 1998, S.87ff).
Leseziel: Eine erneute Textauseinandersetzung einleiten, um die Verstehens- und Behaltensleistungen zu vertiefen (Gold, 2010, S.48):	**Kognitive Lesestrategien- Wiederholende Lesestraegien** - Den Text beziehungsweise bestimmte Textstellen ein zweites Mal lesen und nac neuen Erkenntnissen suchen oder nach Interesse und Vorlieben beurteilen - Gewisse Textstellen nochmals laut vorlesen - Problematische Passagen abschreiben oder Notizen mit dem Wortlaut des Textes anfertigen (Rosebrock & Nix, 20125, S.66f & Gold, 2007, S.48)

Prozesse. (Schmidt 2006, S.125; zitiert nach Feng,2011) Hierzu gehören die folgenden Strategien:

Der erste Schritt ist die Festlegung von Lesezielen für den zu lesenden Text: Was soll man wissen? Der zweite Schritt ist die Überlegung, wie man dieses Ziel erreichen kann: Welche Lesestile, kognitiven Strategien und Lesetechniken wählt man? Wenn man beispielsweise einen Fachtext zur Prüfungsvorbereitung lesen will, wird als kognitive Strategie das totale Lesen empfohlen, insbesondere die Einbeziehung von Hintergrundwissen und als unterstützende Lesetechnik das Unterstreichen von informationsreichen Textstellen. Metakognitive Lesestrategien, die auf die Planung des Leseprozesses ausgerichtet sind, sind also mit zwei Anforderungen verbunden, die Leserinnen und Leser vor dem Lesen eines Textes erfüllen müssen: die Festlegung eines Leseziels und die Planung des Einsatzes von Lesestrategien (Philipp, 2012, S.51; Zimmerman, 2002).

Bei der Planung wird also der Leseprozess vor dem eigentlichen Leseakt organisiert. Die Planung einer Lesephase vor dem Lesen beinhaltet u.a. die Bestimmung der Verstehensanforderungen und die Festlegung eines entsprechenden Leseziels (Clark et al., 2004; Dannecke&Schmitz, 2019), dementsprechend sollte man sich überlegen, wie man dieses Ziel erreicht, z.b. welche Lesestile, kognitiven Strategien sollte man auswählen? (Hu, 2009). Diese Aktivitäten helfen dem Leser dabei, den Einsatz bestimmter Strategien zu bestimmen (Artelt&Dörfler, 2010).

Um ein Leseziel zu setzen, müssen Leserinnen und Leser zunächst den Text/die Aufgabe im Hinblick auf die erforderliche Zielperspektive analysieren, um die spezifischen Anforderungen zu identifizieren und ihr eigenes aufgaben- oder textbezogenes Vorwissen zu aktivieren und zu bewerten (Philipp, 2012, S.45-51). Darüber hinaus dienen sie, wie schon erwähnt, als Bezugsrahmen für die Erstellung mentaler Repräsentationen (Schnotz, 1994; Schnotz & Dutke, 2004) und haben Einfluss auf die Form, in der beim Lesen des Textes Inferenzen gezogen werden (Graesser et al.,1994).

Ein Leseziel ist nicht nur ein Orientierungspunkt für die weitere Planung des Einsatzes von Lesestrategien für Leser, sondern es steuert auch die kontinuierliche metakognitive Überwachung des Leseprozesses (Paris et al., 1983, S.305f., zitiert nach Karstens, 2021).

Leserinnen und Leser müssen auf der Grundlage des zuvor gesetzten Leseziels und des individuellen thematischen und strategischen Vorwissens einen Handlungsplan für den weiteren Leseprozess erstellen, der sich auf den Einsatz von kognitiven Lesestrategien bezieht (Philipp, 2012, S.44). Zusätzlich zur Auswahl zielgerichteter kognitiver Lesestrategien ist es entscheidend, die zeitliche Abfolge des Strategieeinsatzes im Sinne einer sinnvollen Abfolge im Leseprozess zu koordinieren.

In der sich anschließenden Phase werden metakognitive Lesestrategien des Monitorings eingesetzt, wobei der Text im Hinblick auf das festgelegte Leseziel und den Handlungsplan gelesen wird (Gold, 2018, S.93; Philipp, 2012, S.45). Beim Monitoring des Leseprozesses müssen sich Leserinnen und Leser immer wieder fragen, ob sie sich auf dem richtigen und zielführenden Weg zu ihrem Ziel befinden, ob sie die Strategien zielgerichtet und entsprechend der eigenen Planung einsetzen und ob sie den Text ausreichend verstanden haben oder ob sich Verständnisschwierigkeiten bemerkbar machen (Gold, 2018, S.93). Im Hinblick auf die kognitiven Prozesse des Lesens ist es ihre Aufgabe, neu erworbene Informationen während des Lesens ständig mit zuvor gebildeten Teilmodellen zu vergleichen, um Fehler in ihrem Verstehensprozess zu entdecken und so ihren Verstehensprozess auf Plausibilität oder Inkonsistenzen zu überprüfen (Stephany, 2018, S.91)

Diese Art der Überprüfung betrifft bereits die darauf folgende Bewertung des Leseprozesses, die mit der Überwachung zusammenhängt und nach der Lektüre eines Textes erfolgt. Philipp (2012) bezeichnet diese Phase als "Selbstreflexionsphase" (S. 53). Bei der Evaluation des Leseprozesses ist der erreichte "Ist-Zustand" mit dem geplanten "Soll-Zustand" (Philipp, 2012) zu vergleichen. Die Evaluation kann sich einerseits auf das durch die Lektüre erreichte Textverständnis beziehen (Habe ich bei der Auseinandersetzung mit dem Text alle wesentlichen Aspekte des Textes verstanden?) oder auch der Lesestrategieeinsatz, der bei der Auseinandersetzung mit dem Text genutzt wurde (Habe ich bei der Auseinandersetzung mit dem Text alle Lesestrategien korrekt und zielführend eingesetzt?), im Mittelpunkt der Bewertung stehen. Als Bewertungskriterien lassen sich dabei das in der Planungsphase definierte Leseziel, der festgelegte Handlungsplan (der Einsatz aller Lesestrategien entsprechend der Planung) verwenden (ebd.). Im Sinne der von Philipp (2012) beschriebenen Reaktion auf das Ergebnis der Bewertung kommen metakognitive **Lesestrategien der Regulation zum Einsatz**, wenn bei diesen Bewertungs- bzw. Reflexionsprozessen Diskrepanzen auftreten. Diese schließen sich direkt an die Bewertungsprozesse an und dienen dazu, das Leseverhalten so zu steuern, dass die Erreichung des selbst gesetzten Leseziels möglich wird.

Artelt und Dörfler (2010) weisen darauf hin, dass Selbstregulation beim Lesen mit einem großen Repertoire an Fähigkeiten zum strategischen, aufgaben- und zielbezogenen Lesen einhergeht. Im Rezeptionsprozess umfasst selbstreguliertes Lesen die Verknüpfung von kognitiven Strategien und metakognitiven Strategien, die die Planung und Regulationen des Prozesses betreffen (Schreblowski & Hasselhorn, 2006, S.152).

Leser, die ihr Lesen effektiv **regulieren,** verfügen über ein umfangreiches Wissen über Strategien (Artelt&Neuenhaus, 2010). Sie besitzen zudem konditionales Wissen, das die adäquate Auswahl von Strategien je nach Situation und Lernziel beinhaltet. Effektive Selbstregulation beim Lesen besteht also in der Fähigkeit, anforderungs- und situationsangemessene Lesestrategien auszuwählen, zu kombinieren und zu orchestrieren. So sind Lernende mit einem hohen Mass **an Selbstregulation in der Lage** Aufgaben vor dem Lesen zu analysieren und auf dieser Basis eigene Leseziele zu setzen und dementsprechend den Strategieeinsatz zu planen (Philipp, 2012b, S.50ff.).

Im Sinne der Selbstregulation ist es auch für die Leser sinnvoll, ihre Leistungsfähigkeit einzuschätzen zu wissen, um sich anspruchsvolle, aber gleichzeitig erreichbare Ziele zu setzen, d.h. der Leser muss sich bereits vor der Lektüre eines Textes darüber im Klaren sein, welches Ziel oder welche Ziele er mit der Lektüre des Textes erreichen will. Denn wenn der Leser sich über seine Ziele, seine Erwartungen und sein Vorwissen im Klaren ist, kann er den Leseprozess hilfreich steuern (Diekhans, 2004).

Die folgende Tabelle veranschaulicht die Beziehung zwischen den Lesezielen und den metakognitiven Lesestrategien im Hinblick auf die Selbstregulierung in Bezug auf die obigen Ausführungen:

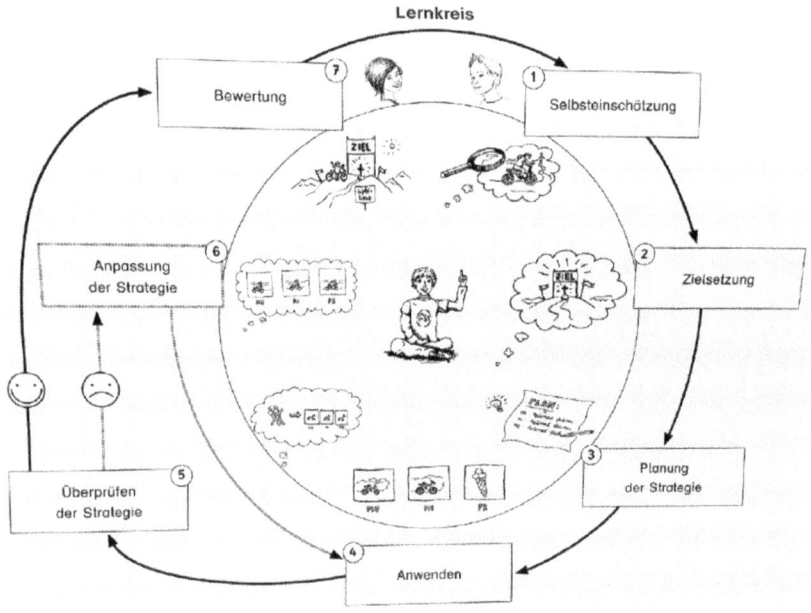

Abb. 1: Zusammenhang zwischen Lesezielen und Metakognitive Lesestrategien Ziegler (2005)

Im Hinblick auf Selbstregulation unterscheiden sich geübte Leser/innen/von den Ungeübten. Geübte Leserinnen/Leser zeichnen sich dadurch aus, dass sie Lesestrategien, […]auf der Grundlage des Leseziels und der Textanforderungen auswählen und ihre Strategie entsprechend anpassen (Souvignier et al., 2003a; Pressley&Afflerbach, 1995; Pressley et al., 1995; Wyatt et al., 1993).

Geübte Leser lesen nicht jeden Text gleich, sondern überfliegen häufig den Text vor dem gründlichen Lesen (Souvignier et al. 2003a; Lehker, 2015). Sie können sich ihre Lesestrategie ihrem Leseziel anpassen. So ersparen sie sich ein erfahrener Leser beispielsweise das zeitaufwendige, genaue Verstehen eines seitenlangen, komplizierten Fachtextes, wenn sie nur herausfinden wollen, ob der Text das gesuchte Thema überhaupt behandelt. Um ihr globales Leseziel zu erreichen, überfliegen sie den Text – oder Teile davon – nur grob. Suchen sie lediglich eine bestimmte Information in einem Text, müssen diesen ebenfalls nicht genau lesen und in allen Einzelheiten verstehen. Für ihr selektives Leseziel reicht es, den Text (teilweise) quer zu lesen und dabei gezielt nach der gesuchten Information zu schauen. Soll der Inhalt eines Textes aber im Detail erschlossen, dann ggf. zusammengefasst oder die darin enthaltene Information gelernt werden, ist für das Leseziel ein genaues Lesen nötig.

Wie Lehker (2015, S.6) darauf hinweist, verhalten sich geübte Leser beim Lesen "„klug und faul". Sie gehen klug vor, weil sie vor dem Lesen bewusst oder unbewusst die metakognitive Frage stellen: „Was ist mein Leseziel? (Metakognitive Strategie: Selbstregulation) ", „faul", weil sie durch vorheriges Nachdenken eine Lesestrategie wählen, die sie genau dieses Ziel erreichen lässt. Sie machen sich also bewusst oder unbewusst einen Plan, bzw. fragen sich strategisch: „Wie gehe ich am besten vor?" (metakognitive Strategie: Selbstregulation). So ersparen sie sich alle überflüssigen Arbeitsschritte und erreichen tatsächlich ihr Ziel, dahingegen neigen sich jüngere und weniger qualifizierte Leser dazu, das Lesen mehr als eine Wortdekodierungsaktivität zu betrachten und nicht als eine der Bedeutungsbildung (Oakhill&Cain, 2007, 67; Cain,1999), und fokusieren dementsprechend eher auf das Wortlesen, somit ist Ihr Leseziel mehr auf das Verstehen einzelner Wörter gerichtet (Schnotz, 1994). Außerdem schaffen sie es nicht, die Art und Weise, wie sie Texte in Bezug auf Leseziele lesen, zu bestimmen und zu ändern (Baker, 1984), somit wenden schlechte Leser metakognitive Strategien nicht so intensiv an wie gute und geübte Leser (Souvignier et al., 2003a). Außerdem sind sie sich ihrer eigenen Leseaktivitäten nicht bewusst und folglich können sie auch die Strategien den Anforderungen nicht anpassen (Ehlers, 1998).

Daloiso (2013, S.79) weist darauf hin, dass Leserinnen/Leser bei der Lektüre in einer Fremdsprache den Text wahrscheinlich ohne selbstbestimmte Zielsetzung lesen, und deswegen sind sie meistens nicht in der Lage, geeignete Lesestrategien zu aktivieren (Lange, 2013, S.24f.) verweist auf diese Tatsache und meint diesbezüglich wie folgt: *"wenn man sich auf Texte stürzt, ohne vorab ein Leseziel zu definieren und sich eine Lesestrategie zu überlegen, die zu eben jenem Leseziel passt, dann kann man oft das Gefühl der Unzufriedenheit erleben."* Aus diesem Grund müsste man im fremsprachlichen Textverstehen die Schüler mit Lesezielen und den entsprechenden Strageien vertraut machen und dafür sorgen, dass sie ihren Textverstehenprozesse bewusst und zielgerecht durchführen und steuern können.

Zum Schluss kann man sagen, dass es zwischen Lesezielen, Lesestilen und Lesestrategien eine interaktive Beziehung gibt. Unter der Berücksichtigung dieser gegenseitigen Beziehung von Leseziel und Lesestil sowie Lesestrategien zueinander lassen sich verschiedene Lesestile verschiedenen Lesezielen zuordnen. In der folgenden Tabelle hat man versucht, Leseziel, Lesestrategie und Lesetechnik miteinander zu kombinieren

Tab. 3: Leseziel Lesestrategie und Lesetechnik

Lesestil	Lesestrategie	Lesestrategien/Lesetechnik
Orientierendes Lesen	Elaborierende Lesestrategie	die Überschrift des Textes lesen/sich Gedanken zu einer vorgegebenen Überschrift machen und diese notieren/ für Teilabschnitte des Textes eigene Überschriften finden/ Gedanken, die beim Lesen aufkommen, am Rand notieren/Formulierung von Erwartungen/ Formulieren von Leseerwartungen zu einem Thema/einer Überschrift/Aktivierung von Vorwissen/Formulierung von Fragen und Beantwortung/ Ein Ideennetz (Cluster) erstellen/unbekannte Wörter klären, Fragen an einen Text formulieren und sie beantworten

Lesestil	Lesestrategie	Lesestrategien/Lesetechnik
Selektives Lesen	Ordnende Lesestrategie	Den Text nach hilfreichen Informationen zum betreffenden Thema durchsuchen/ Markierung von Schlüsselwörter und wichtigen /aussagekräftigen Textstellen / die relevanten Informationen zum Thema liefern.Markierung/Unterstreichung der Schlüsselwörter oder Hauptgedanken /Visualisierung der Inhalte durch grafische Darstellungsformen wie z.B. Zeichnungen, Skizzen, Schaubilder/ die Textstellen nochmals genauer mit Hinblick auf die Fragestellung lesen/ sich bereits während des Lesens Notizen machen
Genaues Lesen	Verknüpfung verschiedener Lesestrategien	-Vor dem Lesen: -Aktivierung von Vorwissen (Lesestrategien des Vorhersagens) -Vermutungen über Textinhalt anstellen (Lesestrategien des Vorhersagens) -Fragen an den Text stellen (Lesestrategien des Vorhersagens) **Während des Lesens:** -Markieren von Schlüsselwörtern (Ordnende Lesestrategien) -Unverstandenes farbig markieren und später nachschlagen (ordnende Lesestrategien) -Text in sinnvolle Abschnitte gliedern und Unterüberschriften finden (Ordnende Lesestrategien) -Stichwortliste anfertigen (Ordnende Lesestrategien) **Nach dem Lesen:** -mit Hilfe des Textes und der Stichwortliste Text zusammenfassen (ordnende Lesestrategie) -Visuelle Darstellung (z.B. Mind-Map) elaborierende Lesestrategien -Wurden Vermutungen zum Textinhalt bestätigt? -Wurden die Fragen, die man zuvor an den Text gestellt hat, beantwortet?

http://geb.uni-giessen.de/geb/volltexte/2013/9525/pdf/GiFon_1.pdf

4.4 Zusammenhang Textsorten, Lesestilen und Lesezielen

In Anlehnung an Groeben (1982) weisen Artelt et al. (2007) darauf hin, dass sich konkrete Anforderungen an die Art und Qualität des Lesens sowohl aus dem Lesematerial (z.b. Textsorte, Textschwierigkeit etc.) als auch aus dem Leseziel erschließen, und dass der konkrete Leseprozess immer ein Zusammenspiel von Lesematerial und Leseziel beinhaltet.

Grotjahn (2000, 25) behauptet, dass bestimmte Textsorten bestimmte Lesestile indizieren, Gold (2007) unterstützt diese Ansicht und stellt fest, dass literarische und pragmatische, [...] Texte mit unterschiedlichen Lesezielen angegangen werden (...).

Buhlmann & Fearns (2000) weisen darauf hin, dass das Lesen von Texten durch die Textsorte und die jeweilige Leseabsicht bedingt ist, z.B. werden Texte aus dem Bereich der Wirtschaftswissenschaft in der Regel eher kursorisch gelesen im Gegensatz zu Texten aus dem Bereich der Naturwissenschaft und Technik.

Thurmair (2001) stellt fest, dass die verschiedenen Lesestile, weitgehend von der Textsorte abhängig sind und dass der gleiche Text in der Regel kaum in allen vier Stilen gelesen wird, so dass der Lesestil sowohl vom subjektiven Leseziel als auch (...) von der Textsorte abhängt. Storch & Weng (2013), Stahl (2006, S.484) sowie Leisen (2010) meinen, dass jeder Text eine Funktion hat und das Kriterium, nach dem man einen Lesestil verwendet, meist mit der pragmatischen Funktion der jeweiligen Textsorte und der Leseabsicht, mit der man an einen Text herangeht, zusammenhängt. Laut Ferling (2008, S.38) und Stahl (2006) hängt es mit der Leseabsicht zusammen, ob ein Text "total" oder "global" gelesen wird, oder ob er "selektiv" oder "orientierend" rezipiert wird, was wiederum untrennbar mit der jeweiligen Textsorte verbunden ist. Löschmann& Petzscher (1979) sind der Meinung, dass die Wahl eines Lesestils oder die Kombination mehrerer Lesestile vom Leseziel und der Textsorte abhängt.

Stahl (2006) zufolge werden Texte in authentischen Lesesituationen [...] je nach Textsorte/Zweck der Lektüre unterschiedlich gelesen, auch Ferling (2008, S.38) schließt sich dieser Ansicht an und behauptet, dass die Art und Weise, einen Text zu lesen, je nach Textsorte, Art und Eigenschaften des Textes, Zweck der Lektüre, (...) ganz erheblich unterschiedlich sein kann. So wird beispielsweise ein Zugfahrplan anders gelesen als ein Kochrezept, das wiederum anders gelesen wird als ein Zeitungsbericht oder ein Lexikonartikel. Wenn man also die Textsorte kennt, kann man entsprechende Erwartungen aufstellen. Man kann abschätzen, welche Leseziele man beim Lesen einer solchen Textsorte verfolgen kann. Die Textsorten "wissenschaftlicher Aufsatz" und "Kochrezept" zum Beispiel rufen ganz unterschiedliche Erwartungen an den Textinhalt hervor. Der typische Lesestil, der bei Rezepten in Frage kommt, ist selbstverständlich der detaillierte Lesestil. Ziel ist es, ein gelingendes Gericht zu essen oder gar zu servieren. Um dies zu verwirklichen, muss man Schritt für Schritt, wie im Rezept vorgegeben, der Reihe nach vorgehen. Jedes einzelne Detail ist dabei wichtig. Wenn man nicht ins Detail geht, kann man mit einem gescheiterten Gericht rechnen. Bei einer wissenschaftlichen Abhandlung kann man genauso vorgehen wie bei einem Kochrezept, aber das ist nicht unbedingt relevant.

Bei der Konstruktion eines Situationsmodells spielt das Vorwissen über die Textsorte, die Diskursstruktur, das Genre etc. eine wichtige Rolle (Grabe, 2009, S.43). Nach der Schematheorie haben die Lernenden Schemata für oben erwähnte Textsorten, aber auch für Satzkonstruktionen, Geschichten, Plots usw. gespeichert (Nassaji, 2002, S.442). Dem Textschema kommt eine strategische Steuerungsfunktion zu, da der Rezipient anhand dieser Grundstruktur seine Ziele beim Lesen des Textes bzw. seine Erwartungen an den Text festlegt (Kintsch&van Dijk, 1978).

Die Aktivierung von themenbezogenem Vorwissen einerseits und textspezifischen Schemata andererseits versetzt Leserinnen und Leser auf höheren Leseverstehensstufen in die Lage, Hypothesen über Textinhalte zu bilden und zu überprüfen, eine dem Text und dem Leseziel angemessene Leseabsicht zu entwickeln und einen angemessenen Lesestil anzuwenden (Storch, 1999, S.127; Storch&Weng, 2013).

Wie aus den obigen Ausführungen hervorgeht, können alle Texte auf unterschiedliche Weise gelesen werden. Es ist jedoch so, dass bestimmte Textsorten bestimmte Arten des Lesens erfordern, was in der folgenden Tabelle dargestellt ist:

Tab. 4: Zusammenhang Lesestil, Leseabsicht und Textsorten

Leseabsicht	Lesestil	Typische Textsorte
Herausfinden, ob sich die (weitere) Lektüre lohnt	Identifikation von Informationsinteressen und orientierendes Lesen: Aufmerksamkeit auf Titel, Unterüberschriften, Graphiken, Bilder. Auswahl und Einleitung der weiteren Lesehandlung	z.B. Zeitung, Kaufentscheidung für ein Fachbuch bei der Lektüre in der Buchhandlung
Kernaussagen identifizieren unter der Leitfrage: Ist etwas wichtig?	Überfliegendes Lesen (skimming), wesentliche Informationen werden erkannt; Schlüsselwörter und Randbemerkungen behalten	Zeitungsartikel; Bücher; Fachtexte, soweit die Inhalte schon bekannt sind, Internetseiten; fiktionale Texte
Gezielt nach Informationen X oder Y suchen	Selektives Lesen: Nutzung des Inhaltsverzeichnisses; Überfliegen des Textes (skimming) bis zur gesuchten Information; dann erfolgt eine detaillierte Rezeption bezüglich der Information mit den Merkmalen des analytischen Lesens	Texte, die konsultiert werden, um bestimmte Fragen zu beantworten.
einen Text in allen seinen Details verstehen	Totales analytisches Lesen des gesamten Textes und Klärung aller in ihm liegenden Informationen.	z.B. juristische Texte bzw. Verträge, wissenschaftliche Aufsätze, Gedichte; Lesen eines zu interpretierenden Textes

Karbe (2000, S.158)

In der folgenden Tabelle wird der Zusammenhang zwischen Textsorten und Leseinteressen und Lesestil dargestellt.

Tellmann et. al (2012) listet in der nachfolgenden Tabelle einige für den fachsprachlichen Unterricht typische Textsorten und die bei ihnen vorherrschenden Lesestile auf:

Tab. 5: Textsorten und die bei ihnen vorherrschenden Lesestile

Textsorte	Vorwiegender Lesestil
Zeitungstexte Nachrichten, Berichte, Reportagen, Interviews, etc	orientierend/ kursorisch/ selektiv
Fachtexte Lehrbücher, Artikel in Fachmagazinen, Lexika, Versuchsbeschreibungen, Analysen, Geschäftsberichte etc.	selektiv/ intensiv
Internet-/ Intranetangebote Nachrichten, Fachtexte, Serviceangebote	orientierend/ selektiv
Internet-/ Intranetangebote Fahrpläne, OnlineLernmodule etc.	orientierend/ selektiv
Anleitungen und Anweisungen Technische Anleitungen, Gebrauchsanweisungen, Beipackzettel etc.	intensiv
Produktbeschreibungen	selektiv/ intensiv
Listen und Verzeichnisse Versandkataloge, Preislisten, Inhalts-, Vorlesungsverzeichnisse	orientierend/ selektiv
Stellenanzeigen	orientierend/ intensiv

4.5 Zusammenhang zwischen Textsorten und Lesestrategien

Texte, die für den Fremdsprachenunterricht relevant sind, können in literarische Texte und Sachtexte unterteilt werden. Die beiden Textgruppen haben unterschiedliche Funktionen und Eigenschaften. Sachtexte zeichnen sich u. a. dadurch aus, dass die inhaltlich wichtigen Informationen direkt formuliert und damit an der Textoberfläche anhand von Stichworten sichtbar sind und dass die inhaltlichen Zusammenhänge zwischen Sätzen explizit erkennbar sind.

Im Gegensatz dazu müssen die Hauptgedanken in literarischen Texten oft erst erschlossen werden (Ehlers, 1992, S.41). Der eigentliche Sinn literarischer Texte wird erst im Leseprozess deutlich; nicht-literarische Texte hingegen umfassen meist nur eindeutige Informationen, die je nach Lesekompetenz im Leseprozess erfasst oder nicht erfasst werden. Literarische Texte zeichnen sich dadurch aus, dass sie immer mehr als ein Wort sind und den Leser auch emotional ansprechen. Beide Textsorten erfordern daher unterschiedliche Strategien (Pugliese, 2007). Dementsprechend erfolgt auch die Auswahl und der Einsatz von Lesestrategien in Abhängigkeit von den Textsorten. Leisen (2006) weist darauf hin, dass die Wahl der Lesestrategien im Unterricht hauptsächlich von drei Aspekten bestimmt wird, wie z. B. dem Text usw. Ehlers (1992,1998) stützt diese Auffassung und führt aus, dass die Textsorte die Art und Auswahl der zu verwendenden Strategien beeinflussen kann. Auch Westhoff (1997, S.47) zufolge haben Textsortenmerkmale einen wesentlichen Einfluss auf die Wahl einer geeigneten Entschlüsselungsstrategie. Nach Philipp&Schilcher (2012, S.43ff.) ist auch die textabhängige Auswahl von Lesetechniken und -strategien Teil der Lesekompetenz (...). Schiefele et al. (2004) weisen darauf hin, dass man Lesestrategien textabhängig auswählen muss (...).

Laut Leisen (2009, S.15) besteht eine der wichtigsten Anforderungen darin, eine der Textsorte angemessene Strategie zu wählen. Viele Lernende sind jedoch nicht in der Lage, der Textsorte angemessene Lesestrategien zu wählen und beginnen am Anfang und lesen den Text Wort für Wort bis zum Ende, anstatt eine der Textsorte angemessene Strategie zu wählen, was auch zu Beginn dieses Beitrags dargelegt wurde.

Lesen ist ein interaktiver Prozess, der den gleichzeitigen Einsatz von Strategien für ein effektiveres Lesen erfordert (Grabe, 1991; Lau und Ho, 2015). Daher haben viele Forscher die Verwendung von Lesestrategien durch die Lernenden untersucht und wie diese von verschiedenen Faktoren wie Geschlecht, Sprachniveau usw. beeinflusst werden. Ein weiterer Faktor, der die Verwendung von Lesestrategien und den Leseprozess beeinflussen kann, ist die Art des Textes (Fang, 2008). Da die Verwendung von Strategien von der Schwierigkeit des Textes beeinflusst wird und verschiedene Textsorten unterschiedliche Schwierigkeitsgrade aufweisen (Ellis, 2009), wird angenommen, dass die Verwendung von Lesestrategien je nach Art des gelesenen Textes variiert (Duke und Pearson, 2008).

Lesestrategien lassen sich als kognitive Verfahren definieren, die von einem Leser gezielt eingesetzt werden, um den Sinnkonstruktionsprozess beim Lesen eines Textes in einer didaktischen definierten Lesesituation voranzubringen (Ehlers, 2004, S.8; Jacquin, 2010, S.147; Mokthari & Reichard, 2002, S.250). Somit handelt es sich bei Lesestrategien um wirksame Werkzeuge, welche stets (…) je nach Kontext (Textsorte, Aufgabenstellung) auf unterschiedliche Weise eingesetzt werden (Philipp 2012, S. 42; Duke und Pearson, 2008 Dannecke & Schmitz, 2019; Kühn, 2002, S.23; Stahl, 2006). Çakır untersuchte (2008), ob L2-Lernende beim Lesen verschiedener Textsorten unterschiedliche Verarbeitungsstrategien einsetzen würden. Die Ergebnisse zeigen, dass sich die von den Lernenden verwendeten Strategien je nach dem gelesenen Text veränderten.

Ehlers (1998, S.108) unterscheidet Lesestrategien, die für Texte allgemein gelten, unabhängig von Gattung und Inhalt, wie z.B. die Auswahl des Wichtigen oder die Nutzung des Kontextes, und Lesestrategien, die textsortenspezifisch sind und abwechselnd mit Kenntnissen über Textsorten, deren Strukturprinzipien, Schemata, Stillagen eingesetzt werden, (Ehlers, 1998, S.97), wie z.B. das Erfassen von Erzähleinheiten, das Zuordnen von inhaltlichen Makroeinheiten zu narrativen Einheiten, das Fragen nach Handlungsmotiven oder Erzählabsichten, das Achten auf Figuren, ihre Ziele und Beziehungen zu anderen, das Reflektieren über den Textprozess selbst, das Kontextualisieren (Buhlmann&Fearns, 2000).

Es wurde festgestellt, dass (…) der Einsatz von Leseverstehensstrategien gattungsspezifisch ist, d.h. wie oben ausgeführt, es gibt große Unterschiede zwischen den Strategien, die für narrative oder expositorische Texte verwendet werden (Best et al., 2008; Duke, et al., 2002; Eason et al., 2012; Reutzel et al. 2005). Roesenbrock & Nix (2017) behaupten, dass für literarische Texte und Sachtexte unterschiedliche Lesestrategien geeignet sind. Laut Diakidoy, Stylianou, Karefillidou, & Papageorgiou (2005); Horiba, (2000); Padeliadu & Antoniou (2014) ist Textstruktur wahrscheinlich eine der Ursachen für die Unterschiede […] in der Verwendung von Strategien in expositorischen vs. narrativen Texten.

Sachtexte weisen eine erhebliche Variabilität in ihrer lokalen und globalen Struktur auf, daher weisen sie oft eine Kombination verschiedener Arten von Textstrukturen auf und sind vielfältiger organisiert (Duke, 2000a; Williams et al., 2007; Rosebrock&Nix, 2017), im Gegensatz dazu ist die Gliederung narrativer Texte oft klar strukturiert. Mc Daniel & Einstein (1989) weisen darauf hin, dass die Annahme weit verbreitet ist, dass narrative und expositorische Texte aufgrund ihrer unterschiedlichen

Komplexität und der unterschiedlichen Vertrautheit des Lesers mit ihrer Struktur unterschiedliche Verarbeitungsstrategien erfordern(Cote' et al., 1998; Meyer&Ray, 2011; Gold, 2007, 48).

Sachtexte sind in ihren Textmustern oft komplexer als erzählende Texte (Cote' et al., 1998; Meyer& Ray, 2011; Gold, 2007, S.48), weshalb sie vom Leser andere Lesestrategien verlangen (Lorch, 2015). Kintsch (1998) weist darauf hin, dass der Leser beim Lesen expositorischer Texte im Gegensatz zu narrativen Texten den Text idealerweise mit top-down-Strategien verarbeiten kann, was die Verarbeitungseffizienz und -tiefe beim Aufbau eines Situationsmodells erhöht (Zwaan, 1993), während beim literarischen Lesen je nach Fall eher bottom-up-Strategien bei der Textverarbeitung zum Einsatz kommen können (Henschel, 2013).

Studien weisen auch auf den Einfluss der Textsorte auf den Einsatz von Lesestrategien hin. In einer Studie von Shokouhi & Jamali (2013) wurde festgestellt, dass die Textsorte den größten Einfluss auf die Verwendung metakognitiver Lesestrategien hat. Den Ergebnissen dieser Studie zufolge verwendeten Schüler, die expositorische Texte lasen, häufiger metakognitive Lesestrategien als solche, die narrative Texte lasen. Nach Shokouhi & Jamali (2013) könnte der Grund für die intensivere Nutzung metakognitiver Lesestrategien durch die expositorische Gruppe mit der Schwierigkeit zusammenhängen. Samuelsten und Braten (2005) fanden heraus, dass (…) die Verwendung von Strategien (Elaboration, Organisation und Überwachung) starke Prädiktoren für das Verständnis von expositorischen Texten bei Schülern der zehnten Klasse sind.

Lesen bezieht sich nicht nur auf das reine Erkennen von Buchstaben, sondern auf eine interaktiv-konstruktive Handlung, durch die der Inhalt von schriftlichen Aussagen herausgearbeitet wird. Der Leseprozess stützt sich dabei auf die Interaktion zwischen Text und Rezipient, die sowohl daten- als auch erwartungsgesteuert ist (Westhoff, 1997, S.47). Ein kompetenter Leser sollte also daten- und erwartungsgeleitete Prozesse möglichst effektiv kombinieren, vor allem aber sein Wissen und Können für eine gezielte und damit rationale Dekodierung und Verarbeitung einsetzen können. Dabei spielt die Aktivierung von thematischem Vorwissen und oft auch von textstrukturellem Wissen eine wichtige Rolle. Denn die Fähigkeit, einzelne Textsorten zu erkennen und einzuordnen, bewirkt beim Leser eine festgelegte Rezeptionshaltung: Textsortenmerkmale fördern die Orientierung und das Erkennen von Kommunikationsabsichten und haben einen entscheidenden Einfluss auf die Wahl einer adäquaten Erschließungsstrategie. Für Oakhill/Garnham (1988, S.7) ist die Fähigkeit des Lesers, seine Lesestrategien an die jeweilige Textsorte anzupassen und einzustellen, das entscheidende und umfassendste Kriterium für Lesekompetenz. Stahl (2006) zufolge kann man, wenn man den Zusammenhang zwischen Textsorte und spezifischer Intention kennt, seine Lesestrategie an die jeweilige Textsorte anpassen. Dazu sollte man die Fähigkeit erworben haben, Textsortenwissen in Lesesituationen zu aktivieren, nur dann ist man in der Lage, seine Lesestrategie an die jeweilige Textsorte anzupassen. Es ist belegt, dass gute Leser ihre Lesestrategien an den Lesestoff und insbesondere an das Verarbeitungsziel anpassen, denn sie verfügen über ein breites Repertoire an Strategien, die sie flexibel und textsortenspezifisch einsetzen können (O'Neil, 1992; Paris et al.,1991, Artelt et al.,2007; Wild&Schlicher, 2017).

Spinner (2004, S.131) beschreibt Lesestrategiewissen als "die Fähigkeit, das eigene Lesen in Bezug auf [...] die Textsorte funktional zu steuern". In diesem Zusammenhang müssen Leserinnen und Leser in der Lage sein, in Abhängigkeit von der Textsorte und den Anforderungen der Leseaufgabe zu entscheiden, welche Strategien für welche Textsorte geeignet sind, d.h. sie müssen sich der Textsorte in Bezug auf den angemessenen Einsatz von Strategien bewusst sein und ihren Strategieeinsatz an die jeweilige Textsorte anpassen; andernfalls kann das fehlende Bewusstsein der Lernenden für die Textsorte, die sie lesen, sie daran hindern, angemessene (...) Lesestrategien einzusetzen (Meyer et al.,1980). Es könnte auch sein, dass sie dazu neigen, den Text Wort für Wort zu lesen und zu verstehen, wenn ihnen keine ausreichenden Kenntnisse über die Textsorte zur Verfügung stehen.

5. Fazit

Viele Faktoren beeinflussen den Leseprozess (die Fähigkeit, Grapheme zu entschlüsseln, Sprachkompetenz, Lesestrategien oder Lesestile, Weltwissen, soziale Konventionen, Textwissen, Textsortenwissen usw.). Das Textverständnis ergibt sich aus der Zusammenwirkung von Leser, Text und Kontext. Im Leseprozess interagieren diese Komponenten im Hinblick auf den Aufbau eines mentalen Modells und die Herstellung von Textkohärenz. Dabei interagieren ranghöhere und rangniedrigere Prozesse. Textverständnis entsteht aus einer Interaktion von Dekodierungsergebnissen mit inhaltlichem Vorwissen. Die Arten des Verstehens unterscheiden sich je nach Lesestrategie oder Lesestil; diese wiederum orientieren sich an der Zielsetzung (...) (Lutjeharms, 2016, S.99-98). So beeinflussen neben vielen anderen Faktoren auch Komponenten wie Textsorte, Lesestil, Lesestrategien, (...) und Leseziele den Lese- und Verstehensprozess.

Die Lesekompetenz wird nicht einfach erworben und entwickelt sich auch nicht von sich selbst, sondern will gelernt und im Hinblick auf Lesefertigkeiten, Lesegeläufigkeit und vor allem auf Lesestrategien, Lesestilen sowie Textsortenwissen geübt sein (Bertschi-Kaufmann et. al,.2006).

Der Leseprozess bezieht sich nicht nur auf die Dekodierung des Textes. Entscheidend ist, dass die Leserinnen dem Text einen Sinn zuschreiben und die Textbedeutung konstruieren können. Hierfür ist das Training der verschiedenen Lesestile wichtig.

Die Beherrschung und Anwendung der verschiedenen Lesestile steht im Mittelpunkt vieler Unterrichtskonzepte, die auf dem Modell des interaktiv-kompensatorischen Lesens basieren. In einigen Fällen (z.B. Westhoff, 1997) wird auch das Prinzip der Bewusstheit angewandt und der gezielte, kontrollierte Einsatz von Lesestilen an fremdsprachlichen Texten geübt. Diese beiden Ebenen werden durch die Begriffe kognitive bzw. metakognitive Strategien unterschieden. Auf der Ebene der kognitiven Strategien geht es darum, (...) beim Lesen in der Fremdsprache je nach Leseziel unterschiedliche Lesestile anwenden zu können. Die metakognitiven Strategien sollen die Lernenden in die Lage versetzen, mentale Prozesse selbstständig einzuleiten, zu steuern und zu kontrollieren- zum Beispiel zu entscheiden, welche Lesestrategie für welches Leseziel eingesetzt werden soll (Rampillon 1995, S.262).

Ein Leseunterricht, der auf den selbstständigen Umgang mit Texten und das Lesen im Sinne des Leseziels abzielt, muss in diesem Zusammenhang sprachliche Kenntnisse, Kenntnisse über die Textsorten-Textstruktur, Kenntnisse über die verschiedenen Lesestile (kognitive Strategien) sowie deren gezielte und kontrollierte Anwendung (metakognitive Strategien) vermitteln sowie die Lernenden möglichst früh mit Lesestilen vertraut machen und zu größerer Selbstständigkeit im Umgang mit Texten, insbesondere nicht-didaktischen Texten führen (Decke-Cornill &Küster,2010,S.186; Gössmann und Mrugalla, 2001). Westhoff (1997, S.74) **fordert daher ein zweigleisiges** Vorgehen in der fremdsprachlichen Lesedidaktik: Zum einen den Erwerb von sprachlichem und außersprachlichem Wissen zur Unterstützung der Antizipationsfähigkeit und zum anderen das Training der bewussten Anwendung dieses Wissens beim Lesen.

Um ein flexibles Leseverhalten zu schulen, sind laut Ehlers (2007) entsprechende Übungen nötig, welche die unterschiedlichen Leseformen erfordern. Die Leseformen stellen als unterschiedliche Arten der Informationsaufnahme einen wesentlichen Teil der Lesedidaktik dar. Sowohl im Sprachunterricht, aber vor allem auch im Alltag werden die unterschiedlichen Leseformen je nach Leseziel und Textsorte eingesetzt. Im Lehrwerk werden sie meist durch die Aufgabenstellung vorgegeben. Für eine Automatisierung der verschiedenen Leseformen ist ein intensives Einüben und Reflektieren über deren Einsatz unumgänglich (Westhoff (1997, S.101). So sollte man Lesestile thematisieren und bewusst machen und intensiv üben. **Intensive Einübungen** zur einer Schulung unterschiedlicher Lesestile können eine weitgehend selbstständige Abstimmung der Lesehandlungen in Relation zu der jeweiligen Leseintention und Textsorte ermöglichen. Auf diese Weise können sie sich zu kompetenten Leserinnen und Lesern und gehen einen Text selbstbewusst und ohne Angst vor unbekannten Wörtern an und können lernen gezielt Lesestile auszuwählen (Nieweler, 2006, S.116f; Ehlers, 2006).

Im Fremdsprachenunterricht wird die Lesefertigkeit vor allem durch Einübung der verschiedenen Lesestile entwickelt. Dabei müssen die Schüler unterschiedliche Strategien anwenden. Im Fremdsprachenunterricht werden die Schüler nicht direkt mit dem Text konfrontiert, daher ist, wie eingangs erwähnt, ist das Lesen nicht gleich Lesen. Die Schüler sollten nicht aufgefordert werden, den Text sofort zu lesen, sondern zunächst auf den Text vorbereitet werden. Erst dann sollte das eigentliche Lesen stattfinden. Daran schließen sich Aktivitäten an, die in einem sprachlichen oder inhaltlichen Zusammenhang mit dem jeweiligen Text stehen. Auch beim Einüben der Lesekompetenz kann man genau so vorgehen, denn die Textarbeit besteht in der Regel aus drei Phasen: der Vorbereitungsphase, der Erschließungsphase und der Nachbereitungsphase (Purm 1993-4, S.256).

Die Vorbereitungsphase dient dazu, den Schüler auf das Leseverständnis vorzubereiten. Sie umfasst alle Aktivitäten, die mit dem neuen Text zusammenhängen, z. B. Hypothesenbildung, Aktivierung von Vorwissen und Bildung einer Leseabsicht. Die Aktivitäten sollten durchgeführt werden, bevor die Schüler den Text zum ersten Mal lesen (Storch, 1999, S.164). Bei der Analyse des Leseprozesses spielt die Hypothesenbildung durch die Aktivierung des eigenen Vorwissens eine sehr wichtige Rolle. In der Vorbereitungsphase sollte der Schüler sowohl sein sprachliches als auch sein textbezogenes Vorwissen aktivieren. Voraussetzung für die Aktivierung des Vorwissens ist nach Storch (1999, S.127) die Einsicht in die pragmatischen Bedingungen und den globalen Inhalt eines Textes. Auf der Grundlage dieser Informationen kann der Schüler eine Leseabsicht bilden, das entsprechende Vorwissen aktivieren, Hypothesen über den Textinhalt bilden und überprüfen und gezielt nach bestimmten Informationen im Text suchen.

Die Bildung einer Leseabsicht nimmt beim Lesen eine sehr wichtige Rolle ein (Storch, 1999, S.129). In der Vorbereitungsphase wurden bereits Vorwissen aktiviert, Hypothesen über den Textinhalt und die Leseabsicht gebildet. Nach Storch (1999, S.124) umfasst die nächste Phase der Textverarbeitung alle Aktivitäten, die zum Verständnis des Textes führen. Sie beginnt in dem Moment, in dem die Schüler den neuen Text zum ersten Mal lesen. Für das Lesen müssen die Schüler einen Lesestil wählen. Beim Einüben der einzelnen Lesestile ist zu der Tatsache Stellung zu nehmen, dass die Lesestile in der Praxis keine scharf trennbaren Kategorien sind (Westhoff, 1997). In der Regel kommen die Lesestile entweder gleichzeitig oder in Kombination nacheinander zum Einsatz. Oft beginnt der Leser mit einer globalen Orientierung, sucht dann das für ihn Interessante heraus und liest je nach Bedarf mehr oder weniger detailliert. Aus diesem Grund sollten die Lesestile auch im Unterricht in der folgenden Reihenfolge eingesetzt werden: von global über sortierend bis detailliert.

Das globale Lesen steht zwischen der ersten und der zweiten Phase. Ihr Ziel ist die erste inhaltliche Orientierung. Nach Storch (1999, S.123) wird die erste Annäherung an einen Text durch die allgemeingültigen sogenannten W-Fragen dargestellt. Die am häufigsten verwendeten sind z.B.: - Wo findet man einen solchen Text? - Wer hat diesen Text geschrieben? - An wen ist dieser Text gerichtet? - Um welche Art von Text handelt es sich? - Was ist die Funktion dieses Textes? - Worum geht es in diesem Text? - Welche zentralen Begriffe tauchen in dem Text wiederholt **auf**? (Westhoff, 1999, S.24). Die ersten Antworten können die Schüler bekommen, wenn sie auf die Textumgebung und Strukturmerkmale achten(Storch, 1999, S.122).

Beim sortierenden Lesen geht es darum, eine bestimmte, spezifische Information zu finden. Zu diesem Zweck kann die Technik des Scannings eingesetzt werden. (Rampillon, 1985, S.89). Auf diese Weise können die Schüler im Text nach Antworten auf die zuvor gestellten Fragen suchen oder die zuvor aufgestellten Hypothesen überprüfen.

Das Problem bei der Anwendung dieser Technik ist es, dass die Schüler eine Tendenz haben, fast jedes Wort mitzulesen. Deswegen dauert es lange, bis sie den Begriff oder die Information finden (Bohlen 2002, S.94). Eine große Hilfe beim Üben sowohl des suchenden als auch des globalen Lesens kann die Einbeziehung des Zeitfaktors sein. Leseaufgaben mit zeitlichen Vorgaben, aber auch die zu bewältigende Menge des Lesestoffes können dazu beitragen, dass die Schüler schrittweise an ein rasches **Lesen herangeführt werden und das vorantastende Wort-für-Wort-Lesen überwinden** (Rampillon, 1985, S.90). Daher sollte man den Schülern nach Möglichkeit ein Zeitlimit für das Lesen vorgeben. Auf diese Weise werden sie nicht dazu verleitet, den Text Wort für Wort zu lesen.

Das Ziel des sortierenden Lesens ist es, zwischen dem Wesentlichen und dem Nebensächlichen in einem Text zu unterscheiden. Die Schüler sollen also wesentliche Teile des Textes erkennen. Nach Rampillon (1985, S.92) ist das Erkennen des Wesentlichen eines Textes für die Schüler nicht leicht zu bewältigen und erfordert Übung. Eine Möglichkeit zum Üben besteht darin, dass die Schüler nach informationsreichen Elementen im Text suchen und diese markieren. Zunächst müssen die Schülerinnen und

Schüler mit der Technik des Markierens vertraut gemacht werden. Zu diesem Zweck kann auch die sog. Telegramm-Übung eingesetzt werden (Westhoff,1997, S.88).

Nach dem sortierenden Lesen wissen die Schüler, was die Hauptaussagen eines Textes sind. Wenn sie aber ganz genau wissen wollen, was im Text steht, müssen sie sich mit dem Text noch detaillierter beschäftigen. Um einen Text intensiv zu verstehen und detailliert zu erfassen wurden mehrere Strategien entwickelt. Die bekanntesten sind SQ3R-Methode und MURDER-Schema. Diese können zu diesem Ziel verwendet werden (Rampillon, 1985, S.91- 93).

Wie aus den obigen Ausführungen ersichtlich wird, ist das Leseverstehen kein Prozess, der unmittelbar nach Beginn der Lektüre eines Textes erfolgt, sondern durchläuft verschiedene Phasen, die den bewussten und gezielten Einsatz verschiedener Kenntnisse und Fähigkeiten erfordern. In diesem Zusammenhang ist es von großer Bedeutung, dass die Schüler diese Kenntnisse und Fähigkeiten durch verschiedene Aktivitäten erwerben und selbständig und zielgereichtet einsetsen. Nur so können sie das Leseverständnis erfolgreich umsetzen und die Tendenz aufgeben, Texte Wort für Wort zu lesen und zu verstehen.

Wie auch vorher dargelegt wurde, neigen viele Lernende dazu, immer vollständig in der Zielsprache zu lesen, oder sie können auch dazu neigen, analytisch zu lesen, wobei die grammatikalische Analyse eines Satzes dem sinnentnehmenden Lesen vorausgeht, weil sie erstens glauben, alles verstehen zu müssen, und zweitens nicht über ausreichende Kenntnisse und Fähigkeiten verfügen, um mit dem Gelesenen bewusst und zielgerichtet umzugehen. In diesem Zusammenhang ist zu betonen, dass explizite Lernziele das kursorische, selektive und orientierende Lesen sein sollten. In diesem Zusammenhang sollen sich Lernziele darauf beizehen, ausführlich kursorisches, selegierendes und orientierendes Lesen zu thematisieren, zu trainieren und einzuüben (Buhlmann&Fearns, 2000).

Darüber hinaus sollte das konzentrische Lesen das Lernziel sein, bei dem die Lernenden lernen müssen, mehrere Lesestile nacheinander auf einen bestimmten Text anzuwenden (Westhoff 2001, S.107). Denn Lesestile sind keine scharf trennbaren Kategorien, sondern können in der Regel je nach Leseziel und Leseaufgabe entweder gleichzeitig oder in Kombination nacheinander eingesetzt werden. Ausgehend von dieser Tatsache sollten beim

Einüben der einzelnen Lesestile authentische Texte verwendet werden, um das notwendige Nebeneinander der Lesestile deutlich und nachvollziehbar zu machen. So können beispielsweise Register für das selektive Lesen, Inhaltsverzeichnisse für das orientierende Lesen, Gebrauchsanweisungen für das totale Lesen und Zeitschriftenartikel für das kursorische Lesen verwendet werden. Thurmair (2001) unterstützt diese Sichtweise und sieht es als problematisch an, dass im Fremdsprachenunterricht vor allem das totale Lesen stattfindet, auch bei Textsorten, die üblicherweise nicht auf diese Weise zu lesen sind, und auch bei Texten, die das totale Lesen nicht wert sind. Um dies zu verhindern, sollte sich der Fremdsprachenunterricht auf Textsorten konzentrieren, die globales oder selektives Lesen fördern. Dies bedeutet für die Entwicklung von Lesestilen in der Zielsprache, dass alle diese Lesestile an authentischen zielsprachlichen Texten geübt oder entwickelt werden müssen (Buhlmann&Fearns, 2000). In diesem Zusammenhang sollte man bei der Konstruktion von Leseaufgaben berücksichtigen, dass man gezielt verschiedene Lesestile auf verschiedene Textsorten anwenden und diese im Laufe der Rezeption eines Textes nach Bedarf verändern sollte.

Zusammenfassend lässt sich feststellen, dass die Schülerinnen und Schüler sich bewusst machen müssen, dass für viele Texte kein Wort-für-Wort-Verständnis notwendig ist. Dies gilt es im Fremdsprachenunterricht immer wieder zu thematisieren und zu begründen, denn Fremdsprachenlerner sind es oft nur gewohnt oder neigen dazu, Texte Wort für Wort zu verarbeiten und wollen jedes Wort verstehen (Storch, 1999, S.123; Westhoff, 2001, S.107). Es ist nicht notwendig, jedes Wort eines Textes zu verstehen, denn Lesen heißt nicht übersetzen. Die Schülerinnen und Schüler müssen sich schon früh daran gewöhnen, mit Texten umzugehen, bei denen sie nicht jedes Wort und jede Aussage verstehen. In diesem Zusammenhang sollten sie so früh wie möglich an authentische Texte herangeführt werden und erfahren, dass sie zwar nicht jedes Detail verstehen können, dies aber oft auch nicht notwendig ist

Der Erwerb und die Beherrschung von Strategien spielen im Fremdsprachenunterricht eine zunehmend wichtige Rolle. Nach Lutjeharms (1988) erhöht der bewusste Einsatz von in der Ausgangssprache erworbenen Strategien die Lernfähigkeit. Durch den Erwerb der richtigen Lesestrategien können fremdsprachige Leser ihren eigenen Lesestil entwickeln, sich dem jeweiligen Text bewusst und zielgerichtet nähern, den Leseprozess richtig planen, kontrollieren und regulieren und so ihr Leseverständnis verbessern (Ehlers, 1998, S.93). Mit Hilfe von Lesestrategien werden die Schüler dazu angeleitet, Vorkenntnisse zu mobilisieren, das Wort-für- Wort-Lesen zu überwinden, gezielt nach gewissen Informationen in einem Text zu suchen, Strukturmerkmale eines Textes zu benutzen, unbekannte Wörter aus dem Kontext zu erschließen, usw (Westhoff, 1997, S.46).

In diesem Zusammenhang sollte man dafür sorgen, dass sich die Schüler die Lesestrategien aneignen und ihre Kenntnisse bezüglich der situationangemessenen und zielgerichteten Anwendung von Lesestrategien entwickeln. Es ist hier besonders zu betonen, dass Lesestrategien nicht spontan von den Schülerinnen zu entwickeln, sondern durch Anleitung zu erlernen sind, somit ist es von enormer Bedeutung, dass sie im Unterricht gezielt, systematisch und schrittweise vermittelt werden sollen (Artelt &Dörfler, 2010. S.31).

Ziel und Gegenstand eines jeden Fremdsprachenunterrichts sollte laut Ehlers (1992, S.257-258) sowohl die implizite als auch die explizite Anwendung von Lesestrategien zur Lösung von Verstehensproblemen sein. Beim expliziten Training erhalten die Lernenden entsprechende Hinweise, wozu und wann eine Strategie nützlich ist. Beim impliziten Üben von Lesestrategien werden die Strategien anhand von Aufgaben und Übungen vermittelt. Die LeserInnen wissen somit nicht, welche Lesestrategien sie gerade anwenden (Ehlers, 1998, S.258).

Nach Rosebrock & Nix (2008, S.68) lassen sich Lesestrategien auf drei Ebenen verorten: direkte Textarbeit, Metakognition und Selbstregulation. Aus diesem Grund ist es naheliegend, eine entsprechende dreistufige Handlungstechnik für die praktische Vermittlung von Lesestrategien im Klassenzimmer aufzugreifen.

Lesestrategien müssen im deklarativen Wissen der Schüler fest eingeprägt sein. Die Schüler sollten zunächst die Funktionen und Bedeutungen der Lesestrategien lernen, um sie dann explizit anwenden zu können. Die Lehrkraft sollte damit beginnen, die Verwendung und Bedeutung von Lesestrategien zu erklären [...] (Rosebrock&Nix, 2008, S.68).

In einem zweiten Schritt sollen die Schülerinnen und Schüler lernen, die Lesestrategien selbstständig auf neue Texte anzuwenden und langfristig mit ihnen zu arbeiten. Zu diesem Zweck sollten zunächst einfache

Strategien trainiert werden. So können sie die ausgewählten Lesestrategien selbstständig anwenden und lernen allmählich, die passenden Strategien für die jeweilige Aufgabe und den Text auszuwählen (Rosebrock&Nix, 2008, S.70).

So gelangen die Schüler allmählich auf die 3. Ebene, d.h. auf die Ebene der Metakognition und der Selbstregulierung. Nach und nach wird ein reflektierter und selbstregulierter Einsatz von Lesestrategien erlernt. Nachdem die einzelnen Strategien ausreichend gefestigt sind, ist es wichtig, diesen flexiblen und selbstregulierten Einsatz von Strategien zu üben. Dies hilft den Lernenden zu verstehen, wann welche Lesestrategie am besten geeignet ist.

Rosebrock&Nix (2008) weisen darauf hin, dass es wenig sinnvoll wäre, alle Strategien für jedes Leseziel einzusetzen. Nicht alle Strategien sind in jeder Situation und für jedes Leseziel notwendig oder sinnvoll. Vielmehr kommt es darauf an, Lesestrategien eigenständig zu nutzen, um sie mit den Anforderungen der Situation und dem gesetzten Leseziel in Übereinstimmung zu bringen. In diesem Zusammenhang ist es auch notwendig, metakognitive Strategien anwenden zu können, um den eigenen Leseprozess zu planen, zu überwachen und zu regulieren (Rosebrock&Nix, 2008). Die Schülerinnen und Schüler müssen also in der Lage sein, ihre angewandte Lesestrategie auf das Leseziel und die Anforderungen der Situation abzustimmen, weshalb sie versuchen sollten, ihren eigenen Lernprozess im Rahmen des Fremdsprachenunterrichts zu steuern (Solmecke, 1993, 101).

In diesem Zusammenhang sollte die Steuerung der eigenen Lernprozesse im Rahmen des Fremdsprachenunterrichts ständig eingeübt werden. Im Strategietraining sollen die SchülerInnen aktiv erfahren, dass es im Umgang mit Texten wichtig ist, gezielt und systematisch und nicht wahllos und planlos vorzugehen.

Die eigenständige Anwendung von Lesestrategien stellt eine grundlegende und anspruchsvolle Kompetenz dar. Für eine selbstständige Benutzung der Lesestrategien durch die Lernende müssen sie von Anfang an im Unterricht kontinuierlich geübt werden, somit müssen die Leser/innen lernen, die Lesestrategien eigenständig an neuen Texten, vor allem aber an verschiedenen Textsorten angemessen und zielorientiert einzusetzen(Adachi et al., 2010).

Fazit

In Anlehnung an Storch (1999, S.132) weist die wissenschaftliche Literatur zur Vermittlung von Strategien im Fremdsprachenunterricht darauf hin, dass nicht nur das Üben, sondern vor allem das Bewusstwerden und Reflektieren von Strategien deren spätere Anwendung fördert. Nach Westhoff (1987, S.97) sollten Texte und Übungen zum Lesetraining immer auch die Aufgabe umfassen, über die verwendete Strategie zu sprechen. Um mit Hilfe von Lesestrategien hohe Effekte beim Textverstehen zu erzielen, sollten die Schüler lernen, Lesestrategien reflektiert einzusetzen. Dabei sollte im Hinblick auf das selbstregulative Lesen eine Kombination aus kognitiven und metakognitiven Strategien im Leseprozess eingesetzt werden.

Um das Lernen über das eigene Lesen/Verstehen zu ermöglichen und zu fördern und damit die Fähigkeit zur Selbststeuerung des eigenen Prozesses zu fördern, empfiehlt es sich, kognitive Strategien in Kombination mit metakognitiven Strategien zu vermitteln und zwar in relevanten Inhaltsbereichen (Ehlers, 1998, S.222), denn so kann der Einsatz kognitiver Lesestrategien mit Hilfe metakognitiver Strategien geplant, überwacht, kontrolliert und reflektiert werden, um im Sinne eines selbstregulativen Lesens zu handeln. Leserinnen und Leser können so ihr deklaratives und prozedurales Strategiewissen einsetzen, um je nach Leseziel und Textinhalt adäquate Lesestrategien auszuwählen, gleichzeitig den eigenen Leseprozess zu überwachen und ihr Leseverhalten entsprechend anzupassen (Leutner& Leopold, 2003, S.39ff.)

Wie bereits in dieser Studie erwähnt, liegt einer der Gründe, warum Schüler jedes Wort übersetzen oder den Text Wort für Wort lesen und die Bedeutung einzelner Wörter wissen wollen, darin, dass sie Lesestrategien, insbesondere die metakognitive Strategie "Planung", nicht effektiv und zielgerichtet einsetzen können. In diesem Zusammenhang sollten die Schülerinnen und Schüler nicht nur die Funktionen und Bedeutungen von Lesestrategien erlernen, sondern vielmehr die Fähigkeit erwerben, kognitive Strategien in Kombination mit metakognitiven Strategien zu nutzen, so dass sie Lesestrategien entsprechend dem Leseziel, den Lese- und Textanforderungen auswählen und einsetzen können und darüber hinaus den Leseprozess selbstständig steuern können. Zu diesem Zweck sollten sie Lesestrategien zunächst explizit und dann implizit erlernen sowie über die Auswahl und Anwendung von Lesestrategien reflektieren. Zentrales Ziel des Leseverstehens sollte es daher sein, die Schülerinnen und Schüler in die Lage zu versetzen, die unterschiedlichen Textsorten, Leseziele und die Umstände geeigneter Strategien gezielt, bewusst und flexibel auszuwählen und zu nutzen (Stahl, 2006). Nur so könnten sie davon befreit werden, jeden Text Wort für Wort zu lesen.

Verschiedene Textsorten haben spezifische Merkmale und Funktionen, so sollen die Schülerinnen und Schüler die Textsorten mit ihren jeweiligen textsortenspezifischen Merkmalen und Funktionen kennen lernen. In diesem Zusammenhang soll der Fremdsprachenunterricht Wissen über Textsorten, Textstrukturen, textsortenspezifische Merkmale sowie deren gezielten und bewussten Einsatz vermitteln. Explizite Textsortenkenntnisse können als wichtiges Bestandteil des erwartungsgeleiteten Leseprozesses eingesetzt werden, denn die Fähigkeit, einzelne Textsorten zu identifizieren und zu klassifizieren, bewirkt beim Leser eine bestimmte Rezeptionshaltung Textsortenmerkmale helfen ihm dabei, sich zu orientieren und Kommunikationsintentionen zu erkennen, und haben einen entscheidenden Einfluss auf die Wahl einer passenden Entschlüsseligstrategie. Wenn die Leserinnen und Leser die Textsorte kennen, können sie ihr Wissen zur Formulierung von Hypothesen nutzen, die im Verlauf des Textes überprüft, modifiziert und ggf. korrigiert werden. Entsprechend kann auch die Lesestrategie an die jeweilige Textsorte angepasst werden. Darüber hinaus hängt die Wahl einer bestimmten Leseform von der Textsorte ab. Je nach Textsorte findet eine andere Art des Lesens statt und die Aufmerksamkeit wird auf unterschiedliche Aspekte gelenkt, was wiederum zum Einsatz unterschiedlicher Strategien führt (Stahl 2006, S.484).

Viele Leserinnen und Leser sind sich jedoch nicht bewusst, wie sie mit verschiedenen Textsorten umgehen sollen (Best et al., 2011). In Anlehnung an Meyer et al. (1980) wurde es festgestellt, dass das mangelnde Bewusstsein der Schüler für die Art des Textes sie daran hindert, angemessene Lesestrategien anzuwenden. Best et al. (2011) weisen in diesem Zusammenhang hin, dass viele Leser nicht eine der Textsorte gemäße Strategie wählen können. In diesem Zusammenhang muss das Lesen in einer Fremdsprache den Schülern helfen zu erkennen, dass verschiedene Strategien für unterschiedliche Textsorten geeignet sind. Z.B bei Zeitungsanzeigen ist das Scannen eine geeignete Strategie, während bei Kurzgeschichten das Vorhersagen und Verfolgen des Textzusammenhangs effektive Strategien sind (Carter&Long,1991). Die Schüler müssen so für einen selbstandigen

Umgang mit den Textsorten ihr Repertoire an Lesestrategien erweitern, in diesem Zusammenhang sollte vor allem die Vermittlung von textsortenorientierten Lesestrategien als wichtiges Element einer allgemeinen Lesekompetenz im Zentrum des fremdsprachlichen Leseunterrichts stehen (Stahl, 2006, S.480; Lutjeharms, 1988, S.190), denn die Befähigung des Lesers, seine Lesestrategien der jeweiligen Textsorte anzupassen und auf sie abzustimmen, wird als das entscheidende und umfasenndste Kriterium für Lesekompetenz betrachtet (Oakhill&Garnham,1988, S.7).

Wie in der Einleitung erwähnt, könnte einer der Gründe für die Tendenz der Schüler, den Text Wort für Wort zu lesen und jedes Wort übersetzen zu wollen, in einer fehlenden Vorbereitung auf den Text liegen. Dies könnte mit dem Umgang mit Textsortenwissen zusammenhängen. Das Wissen über Textsorten ist in vielerlei Hinsicht hilfreich für den Leseprozess. Es hilft den Lesern, beim Verstehen bestimmte Erwartungen an den Text aufzubauen. Textsortenmerkmale fördern die Orientierung und das Erkennen von Kommunikationsabsichten. Die Zuordnung eines Textes zu einer Textsorte aktiviert bestimmte Erfahrungsraster in Bezug auf Funktion und Form. Diese entlasten den Rezeptionsprozess, indem sie den Fokus auf inhaltliche Aspekte lenken (Hufeisen, 2008, S.51; zitiert nach Stahl, 2009). Textsortenmerkmale helfen auch, Kommunikationsabsichten zu erkennen und haben einen entscheidenden Einfluss auf die Wahl eines adäquaten Lesestils. Wenn die Schülerinnen und Schüler nicht über ausreichendes Textsortenwissen verfügen, können sie die jeweilige Textsorte nicht erkennen und einordnen, sie können keine Rezeptionshaltung aufbauen.

Wenn die Leser die Textsorte kennen, können sie ihr Wissen nutzen, um Hypothesen zu formulieren, sie können sich also eine Rezeptionshaltung aufbauen. Dementsprechend können sie auch die Lesestrategie an die jeweilige Textsorte anpassen und entsprechende Lesestile festlegen. In diesem Zusammenhang sollte man den Text zunächst überfliegen, bevor man ihn tatsächlich liest. Auf diese Weise kann man sich dem Text bewusst und zielgerichtet mit bestimmten Erwartungen nähern. Das Wissen um die Textsorte bietet so eine Art Vorentlastung, so dass man sich auf den Kontext konzentrieren kann. Ohne eine ausreichende Anzahl von Textsorten könnten die Schülerinnen und Schüler sehr wahrscheinlich an jeden Text auf die gleiche Weise herangehen und dazu neigen, den Text Wort für

Wort zu lesen und zu verstehen, wenn sie nicht genügend Textsorten zur Verfügung haben.

Die Verwendung von Lesestilen beim Lesen hängt in der Regel neben vielen Faktoren auch von der in Frage kommenden Textsorte ab. Der Lesestil ist also eng mit der Textsorte, die man gerade liest.

Best at al. (2011) weisen darauf hin, dass viele Leser ihren Lesestil an die jeweilige Textsorte nicht anpassen können. Zur Entwicklung der auf Textsorten basierenden Fähigkeiten der Schüler/Innen sollten die Textsorten und Aufgabenstellungen je nach den Lesezielen variiert und verschiedene Lesestile angewendet werden. In diesem Zusammenhang sollten Lernziele, Leseaufgaben und eingesetzte Textsorten aufeinander abgestimmt werden. Wenn beispielsweise das totale Lesen geübt werden soll, sollte eine Textsorte wie z.B. ein Kochrezept ausgewählt werden, die in der Regel auch total gelesen wird. In diesem Zusammenhang sollte ein Übungsprogramm zum Leseverstehen möglichst variabel gestaltet sein und unterschiedlichste Textsorten und Übungstypen anbieten, die zum Training der verschiedenen Lesestil, Lesestrategien erforderlich sind, so sollte laut Nieweler et. al. (2017) im Leseunterricht eine Bewusstmachung verschiedener Lesestile bei der Arbeit mit Texten erfolgen, dazu lassen sich unterschiedliche Lesestile bewußtmachen und textsortenbezogen trainieren, deshalb erscheint es auch notwendig, Schüler für die Korrelation von Lesestilen und Textsorten zu sensibilisieren (Nieweler et al., 2017).

Dadurch läßt sich zugleich der Tendenz zum totalen Lesen, zu dem Fremdsprachenlerner gerne neigen und das meist den natürlichen Rezeptionsbedingungen widerspricht, entgegenarbeiten (Stahl, 2006). In diesem Zusammenhang müssen Texte im Unterricht unter "natürlichen Rezeptionsbedingungen" (Stahl, 2006) verwendet werden, was bedeutet, daß ihre Bearbeitung stärker an textsortentypischen Verwendungssituationen orientiert sein muß, um (…) sie vom› Wort-für-Wort-Lesen und-Verstehen-Wollen ‹bzw.› Wort-für-Wort-Übersetzen abzuhalten (Thurmair 2001b, S.50) (siehe für detaillierte Information Stahl, 2006).

Zum Schluss lässt sich zusammenfassen, dass man, egal, ob es um Lesestil, Leseziel, Textsorte oder Lesestrategien geht, bei den Schülern und SchlerInnen diese Fähigkeiten so lange übt und bewusst macht, dass sie sie gezielt und selbstständig und bewusst den Anforderungen der Leseaufaufgabe entsprechend einsetzen können.

6. Literaturverzeichnis

Adachi, M.; Morger, G.; Rothlin, D. (2010). *Zertifikatsarbeit im Rahmen des CAS Deutsch als Zweitsprache und Interkulturalität Lesestrategien für DaZ-Kinder auf der Unterstufe*, https://www.zebis.ch/download/unterrichtsmaterial/lesestrategien_fuer_daz-kinder_auf_der unterstufe-zertifikatsarbeit.pdf

Afflerbach, P.; Pearson, D.; Paris, S. (2008). Clarifying differences between reading skills and reading strategies. *The Reading Teacher*, v. 61, n. 5, p. 364-373, 2008.

Anastasiou, D. & Griva, E. (2009). Awareness of reading strategy use and reading comprehension among poor and good readers. *Elementary Education Online*, 8, 283-297

Anderson, R. C., & Pearson, P. D. (1984). A schema-theoretic view of basic processes in reading comprehension. In P. D. Pearson, R. Barr, M. L. Kamil, & P. Mosenthal (Eds), *Handbook of reading research* (pp. 255-291). New York: Longman, Inc.

Artelt, C., McElvany, N., Christmann, U., Richter, T., Groeben, N., Köster J., Schneider, W., Stanat, P., Ostermeier, C., Schiefele, U., Valtin, R., Ring, K., Saalbach, H. (2007): *Förderung von Lesekompetenz.* Expertise. Herausgegeben von Bundesministerium für Bildung und Forschung (Bildungsforschung, Bd. 17).

Artelt, C. & Neuenhaus, N. (2010). *Metakognition und Leistung.* In W. Bos, O. Köller & E. Klieme (Hrsg.), Schulische Lerngelegenheiten und Kompetenzentwicklung (S. 123–143). Münster: Waxmann

Artel, C.; Dörfler, T. (2010). Förderung von Lesekompetenz als Aufgabe aller Fächer. Forschungsergebnisse und Anregungen für die Praxis. In book: *ProLesen. Auf dem Weg zur Leseschule - Leseförderung in den gesellschaftswissenschaftlichen Fächern.* Publisher: Donauwörth: Auer Verlag.Editors: Bayerisches Staatsministerium für Unterricht und Kultus, Staatsinstitut für Schulqualität und Bildungsforschung, Dörfler. http://www.schulforum-limburg-weilburg.de/PDFs/lehren-lernen/06Lesen.pdf.

Artelt, C., McElvany, N., Christmann, U., Richter, T., Groeben, N., Köster, J. et al. (2007). *Förderung von Lesekompetenz – Expertise.*

Bildungsforschung, 17. Berlin: Bundesministerium für Bildung und Forschung.

Aust, H. (1983). *Lesen, Überlegungen zum sprachlichen Verstehen.* Tübingen

Baker, L. (1984). Spontaneous versus instructed use of multiple standards for evaluating comprehension: Effects of age, reading proficiency, and type of standard. *Journal of Experimental Child Psychology*,38.289–311.

Boekaerts, M. (1999). Self-regulated learning: where we are today. *International Journal of Educational Research, 31*(6), 445–457. https://doi.org/10.1016/S0883-0355(99)00014-2 abgerufen am, 25.11.2022

Bertschi-Kaufmann, A.; Schneider, H. (2006). *Entwicklung von Lesefähigkeit. Massnahmen –Messungen – Effekte, Ergebnisse und Konsequenzen aus dem Forschungsprojekt: Lese- und Schreibkompetenzen fördern.* Revue suisse des sciences de l'éducation, 28 (3) 2006, S 9ff [online].–URL: http://www.fhnw.ch/ph/zl/de/bertschi_schneider_bw_3_2006.pdf, abgerufen am, 13.03.2021

Best, G.; Hammer, C.; Haufe H., Katja; L., Simone; Leisen, J.; Nerdel C.; Prechtel, H.; Schliecker, V.; Stäudel, L. (2011). *Lesen in den Naturwissenschaften Das ProLesen-Länderprojekt Berlin und Brandenburg*, Landesinstitut für Schule und Medien Berlin-Brandenburg(LISUM);August2011,https://bildungsserver.berlin brandenburg.de/fileadmin/bbb/schule/inklusion/2011/Lesen_in_den_Naturwissenschaften.pdf

Bimmel, P. (2008). Lernstrategien: Pläne (mentalen) Handelns, Jung, U.O.H. (Hrsg.) *Praktische Handreichungen für Fremdsprachenlehrer*, 4. vollständig neu bearbeitete Auflage. Frankfurt a.M. etc.: Peter Lang/Europäischer Verlag der Wissenschaften. S. 362-370

Bimmel, P. (2002):Strategisch lesen lernen in der Fremdsprache". In: *Zeitschrift für Fremdsprachenforschung, Band 13*, Heft 1, 113-141

Brinker, K. (2005): *Linguistische Textanalyse.* Eine Einführung in Grundbegriffe und Methoden, ErichSchmidt Verlag GmbH & Co

Broek, Paul van den; Bohn-Gettler, Catherine, M.; Kendeou, P.; Carlson, S. ; White, M-J. (2011): *When a reader meets a text.* The role of standards of coherence in reading comprehension. In: T. McCrudden u. a. 2011 (s. u.), S. 123-140.

Buchbinder, S. (1986). *Grundlagen der Methodik des Fremdsprachenunterrichts.* Leipzig: Verlag Enzyklopädie,

Buhlmann, Rosemarie & Fearns, Annelise (Hrsg.) (2000), *Handbuch des Fachsprachenunterrichts (6. Aufl.). Übungen zur Rezeption.* Tübingen: Gunter Narr Verlag

Bußmann, H. (1990). *Lexikon der Sprachwissenschaft.* Stuttgart: Kröner

Cain, K. (1999). Ways of reading: How knowledge and use of strategies are related to reading comprehension. *The British Journal of Developmental Psychology*, 17.295–312

Cain, K., & Oakhill, J. (2007). Reading Comprehension Difficulties: Correlates, Causes, and Consequences. In K. Cain, K., & J. Oakhill (Eds.), *Children's comprehension problems in oral and written language: A cognitive perspective* (pp. 41–75). Guilford Press

Calvo, Manuel G.; Castillo, M. Dolores; Schmalhofer, Franz (2006). Strategic influence on the time course of predictive inferences in reading. In: *Memory and cognition*, Heft 1, S. 68-77.

Carter, R. & Long, M.N. (1991). *Literatur unterrichten.* New York: Longman Inc.

Christmann, U. (2015). Lesen als Sinnkonstruktion. In U. Rautenberg & U. Schneider (Hrsg.), *Lesen – Ein Handbuch* (S. 169-184). Berlin, München, New York: De Gruyter.

Christmann, U. & Groeben, N. (1999). Psychologie des Lesens. In B. Franzmann, K. Hasemann, D. Löffler, E. Schön, G. Jäger, W. R. Langenbucher & F. Melichar (Hrsg.), *Handbuch Lesen* (S. 145-223). München: K. G. Saur.

Clark-Kartchner, S.; Dugan, C.; Moretine, T.; Overend Prior, J.; Ray, Jan; Rosenburg, M.; Trischitta, A. (2004). *Succesful Strategies for Reading in the Content Areas For Grades* 3-5, Huntington Beach, Shell Educatinal Publishing

Connolly, S. (2004). *Successful Strategies for Reading in the Content Area, Grades* 3-5, Shell Education Pub, 0743901789 (ISBN 13: 9780743901789

Costa, S. (2010). *Fremde Texte - fremde Wörter. Prozesse und Strategien bei Verstehensblockaden.* Hrsg. von Rudolf Hoberg und Claudio Di Meola. Frankfurt a. M.: Peter Lang 2010.

Coté, N., Goldman, S. R., & Saul, E. U. (1998). Students making sense of informational text: Relations between processing and representation. *Discourse Processes*, 25(1), 1–53. doi:10.1080/01638539809545019

Çakır, O. (2008). The effect of textual differences on children's processing strategies. *Reading Improvement, 45*(2), 69–83.

Daloiso, M. (2013). Le difficoltà di comprensione del testo scritto in linguamaterna e straniera. Un quadro teorico per il recupero della competenza metastrategica. In: *EL. LE Educazione Linguistica-Language Education, Band 2 N. 1*. Venedig: Universität Ca' Foscari. S. 68-87.

Daniels, A. (2009). Mittelpunkt - Cuaderno para comprensión oral y escrita - Nivel B2, Band 5Mittelpunkt: *Deutsch als Fremdsprache für Fortgeschrittene*, Verlag. Ernst Klett Sprachen

Dannecker, W. & Schmitz, A. (2019). *Deutschunterricht auf dem Prüfstand. Empirisches Arbeiten im Master of Education.* Wiesbaden: VS Verlag für Sozialwissenschaften.Online: https://www.springer.com/de/book/9783658249502. doi:10.1007/978-3-658-24951-9. abgerufen am 12.11.2022

Decke-Cornill, H.; Küster, L. (2010). *Fremdsprachendidaktik*. Tübingen: Gunter Narr Verlag.

Diakidoy, I-A. N., Stylianou, P., Karefillidou, C., & Papageorgiou, P. (2005). The relationship between listening and reading comprehension of different types of text at increasing grade levels. *Reading Psychology, 26*(1), 55-80.

Didaktische Erläuterungen Leseverständnis und „Sprache und Sprachgebrauch untersuchen, Projektgruppe: Bauer, M.; Bittins, P.; Coerdt, C.; Diewald, D.; Dörnhaus, S.; Eichler, W.; Förster, C.; Groß Ophoff,J.; Grünack, I.; Hermes, C.; Heßler, B.; Isaac, K.; Klein, P.; Langel-Carossa, G.; Masur, T.; Metzeld,D.; Potthoff, U.; Puschmann, C.; Rödler, K.; Schumacher, A.; Speck-Hamdan, A.; Strömel, L.; Throm, E.; Uthe, E.;Waldmann,E.;Willert,C.; immermann, U, (2008) Herausgeber: Projekt VERA (Vergleichsarbeiten in der Grundschule)-Landau http://www.projekt-vera.de/verapub/fileadmin/downloads/2008/VERA_D_didakt_Erlaeut_2008.pdf). abgerufen 12.10.2022

Diekhans, J. (2004) (Hrsg.). *Aktiv lesen! Methodentraining für die Arbeit mit Sachtexten. Einfach Deutsch: Lesestrategie,* Paderborn: Schönigh

Dinsel, S.; Ndao, M.; Dieudonné, O.; Schümann. (2011). *Methodischdidaktische Tipps für IHR und WIR plus, Band 3,* https://www.goethe.de/ins/cm/fr/spr/unt/kum/lle.html.

Dole, J. A., Duffy, G. G., Roehler, L. R., & Pearson, P. D. (1991). Moving from the old to the new: Research on reading comprehension instruction. *Review of Educational Research, 61*, 239–264.

Dole, J. A., Nokes, J. D., & Drits, D. (2009). Cognitive strategy instruction. In S. E. Israel & G. G. Duffy(Eds.), *Handbook of research on reading comprehension* (pp. 347-372). New York, NY:Routledge.

Dudjahn, M. (2019) Lesestrategien – eine wichtige Voraussetzung für das Leseverständnis, *Duden Institute für Lerntherapie | Newsletter 4/2019: Digitale Lesekompetenz starken*, https://www.duden-institute.de/Infothek/Newsletter/Newsletter_Archiv/mediabase/pdf/NL_4_2019_3686.pdf abgerufen am 27.11.2022)

Duke, N. K. (2000a). For the rich it's richer: Print experiences and environments offered to children in very low- and very high-socioeconomic status first-grade classrooms. *American Educational Research Journal, 37*(2), 441–478. doi:10.3102/00028312037002441.

Duke, N. K., Bennett-Armistead, S. V., & Roberts, E. M. (2002). Incorporating informational text in the primary grades. In C. M. Poller (Ed.), *Comprehensive reading instruction across the grade levels*: A collection of papers from the Reading Research 2001 Reading Research Conference (p. 41-54), Newark, DE: International Reading Association

Duke, N. K., & Pearson, P. D. (2008). Effective practices for developing reading comprehension. *Journal of Education, 189*(1/2), 107–122.

Duke, N. K., & Pearson, P. (2002). Effective practices for developing reading comprehension. In A. E. Farstrup & S. Jay Samuels (Eds.), *What research has to say about reading instruction* (3rd ed., pp. 205–242). Newark, DE: International Reading Association, Inc. doi:10.1598/0872071774.10.

Eason, S. H., Goldberg, L. F., Young, K. M., Geist, M. C., & Cutting, L. C. (2012). Reader-text in-teractions: How differential text and question types influence cognitive skills needed for reading comprehension. *Journal of Educational Psychology, 104*(3), 515-528.

Ehlers, S. (2004). Lesen in der Zweitsprache und Fördermöglichkeiten. *Deutschunterricht,* (4), 4-10.

Ehlers, S. (1992). *Lesen als Verstehen: Zum Verstehen fremdsprachlicher literarischer Texte und zu ihrer Didaktik*. Berlin, Langenscheidt, ISBN 3-4 68-49678-8.

Ehlers, S.(1998). *Lesetheorie und fremdsprachliche Lesepraxis aus der Perspektive des Deutschen als Fremdsprache.* Tübingen, Gunter Narr Verlag.

Ehlers, S. (1992). *Literarische Texte lesen lernen.* München.

Ehlers, S. (2006). Entwicklung von Lesekompetenz in der Fremdsprache. In: *Babylonia* 3+4, 31-38.

Eihelheim, H.; Storch, G. (1992). *Mit Erfolg zum Zertifikat, Übungsbuch*, Klett Ernst /Schulbuch

Ellis, R. (2009). The differential effects of three types of task planning on the fluency, complexity, and accuracy in L2 oral production. *Applied Linguistics, 30*(4), 474–509.

English, L., Barnes, M. A., Fletcher, J. M., Dennis, M., & Raghubar, K. P. (2010). Effects of reading goals on reading comprehension, reading rate, and allocation of working memory in children and adolescents with spinabifida meningomyelocele. *Journal of the International Neuropsychological Society*: JINS, 16(3), 517–525. https://doi.org/10,1017/S1355617710000123

Ertl-Schmuck, R.; Unger, A.; Mibs, M.; Lang, C. (2015).Wissenschaftliches Arbeiten in Gesundheit und Pflege, UVK Verlagsgesellschaft mbH. Konstanz mit UVK/Lucius. München.

Europarat, 2001: *Gemeinsamer europäischer Referenzrahmen für Sprachen*: lernen, lehren, beurteilen, Kapitel 4,6).

Fang, Z. (2008). Going beyond the Fab Five: Helping students cope with the unique linguistic challenges of expository reading in intermediate grades. *Journal of Adolescent & Adult Literacy, 51*(6), 476–487.

Ferling, N. (2008). *Lesen im DaZ-Unterricht,* in: Kaufmann, S., Zehnder, E.(Hg.), Fortbildung für Kursleitende Deutsch als Zweitsprache, Band 2, S. 35-67, Hueber Verlag, Ismaning.

Fischer, C. (2009). *Texte, Gattungen, Textsorten und ihre Verwendung in Lesebüchern* Inaugural-Dissertation zur Erlangung des Doktorgrades der Philosophie des Fachbereiches Sprache, Literatur und Kultur der Justus-Liebig-Universität Gießen.

Friedrich, H. & Mandl, H. (2006). Lern- und Denkstrategien – ein Problemaufriß. In: H. F. Friedrich, H. Mandl (Hrsg.): Lern- und Denkstrategien. Analyse und Intervention. Hogrefe, Göttingen.

Fritz, A. und Alexandra S. (1986). *Lesen, die Bedeutung der Kulturtechnick lesen für den gesellschaftlichen Prozeß*. Konstanz

Garner, R., & Kraus, C. (1981-82). Good and poor comprehender differences in knowing and regulating reading behaviors. *Educational Research Quarterly*, 6, 5-12.

Gold, A. (2018). *Lesen kann man lernen. Wie man die Lesekompetenz fördern kann*. Göttingen: Vandenhoeck & Ruprecht.

Gold, A. (2010). *Lesen kann man lernen. Lesestrategien für das 5. und 6. Schuljahr*. Göttingen: Vandenhoeck & Ruprecht.

Gold, A. (2007), *Lesen kann man lernen. Lesestrategien für das 5. und 6. Schuljahr*. (Theoretisierung und Zusammenfassung lesestrategischer Ansätze mit Schwerpunkt auf dem von der Forschergruppe um Gold entwickelten Unterrichtsprogramm „Wir werden Textdetektive"), Göttingen: Vandenhoeck & Ruprecht

Godiš, T. (2016) *Produktive und rezeptive Fertigkeiten, Teil 1: Lesen und Hören*, http://docplayer.org/docview/49/25136068/#file=/storage/49/25136068/25136068.pdf, abgerufen am, 11.12. 2019

Gössmann, H. (Hrsg); Mrugalla, A. (Hrsg) (2001). Deutschsprachiger Japanologentag in Trier 1999, Bd. 1: *Geschichte, Geistesgeschichte / Religionen, Gesellschaft, Politik, Recht*.

Grabe, W.; Stoller, Fredericka L. Stoller (2002) *Teaching and Researching Reading*, London: Pearson Education Longman. Pp. 291. ISBN 0-582-36995-9.

Grabe, W. (2009). *Reading in a second language: Moving from theory to practice*. New York: Cambridge University Press.

Grabe, W. (1991). Current developments in second language reading research. *TESOL Quarterly*, 25(3), 375–406

Graesser, A. C., Singer, M., & Trabasso, T. (1994). Constructing inferences during narrative text comprehension. *Psychological Review*,101, 371-395.

Groeben, N. (1982). *LeserpsychologieI:* Textverständnis-Textverständlichkeit. Münster, Aschendorff. https://www.schule.sachsen.de/download/download_smk/expertise_lesefoerderung_BMBF.pdf

Gross, A. (2000). *Verstehensprozesse beim Lesen fremdsprachlicher Hypertexte*: Eine empirische Untersuchung Inaugural-Dissertation zur Erlangung des Grades eines Doktors der Philosophie im Fachbereich

Sprach- und Literaturwissenschaften der Bergischen Universität - Gesamthochschule Wuppertal

Grotjahn, R. (2000). Testen der Fertigkeit Leseverstehen. In: *Leistungsmessung und Leistungsbeurteilung*, http://herder.philol.uni-leipzig.de/temp/lehrende/tschirner/testen/Lesen.pdf

Hasselhorn, M. (1992). Metakognition und Lernen - In: Nold, Günter [Hrsg.]: *Lernbedingungen und Lernstrategien: welche Rolle spielen kognitive Verstehensstrukturen?* Tübingen: Narr 1992, S. 35-63 - URN: urn:nbn:de:0111-opus-20017 - DOI: 10.25656/01:2001

Horst, G. (2018). Effektiv Lesen, in: https://www.deutsch-perfekt.com/deutsch-lesen/effektiv-lesen, abgerufen am 05/10/2022)

Heinemann, W. & Dieter V. (1991). *Textlinguistik. Eine Einführung* (= Reihe Germanistische Linguistik 115). Tübingen: Niemeyer.

Henschel, S. (2013). *Effekte motivationaler und affektiver Merkmale auf das Verstehen von literarischen und faktualen Texten*, Inauguraldissertation zur Erlangung des Grades eines Doktors der Philosophie (Dr. phil.) am Fachbereich Erziehungswissenschaft und Psychologie der Freien Universität Berlin https://refubium.fu-berlin.de/bitstream/handle/fub188/12128/DissertationHenschel.pdf;sessionid=13AABE57EDA34D363A2E25FC70D86415?sequence=1

Hermann, K. (1990) *Wirtschaftstexte*; Goethe-Institut; München

Hoey, M. (1991). Patterns of Lexis in Text. Oxford: Oxford University Press

Feng, H. (2011) *Entwicklung eines Konzepts zur Verbesserung des Leseverstehens chinesischer Deutschlerner*, Munich, GRIN Verlag, https://www.grin.com/document/208875

Horiba, Y., & Fukaya, K. (2015). Reading and Learning from L2 Text: Effects of Reading Goal, Topic Familiarity, and Language Proficiency, *Reading in a foreign language*, 27, 22-46.

Horiba, Y. (2000). Reader control in reading: Effects of language competence, text type and task. *Discourse Processes, 29*(3), 223-267.

Horváthová, V. (2009). *Darstellung von Lesestrategien in Deutsch-als-Fremdsprache-Lehrwerken im Hauptkurs und Aspekte B1+*. Diplomarbeit, Universität Wien.

Huneke, Hans-W.;Steinig, W. (2013). „*Deutsch als Fremdsprache. Eine Einführung*". Berlin: Schmidt https://repozitorij.ffos.hr/islandora/object/ffos%3A328/datastream/PDF/view

Jacquin, M. (2010). Lesestrategien im DaF-Unterricht: Tragen sie zum Verständnis fremdsprachlicher Texte bei? In C. Schmidt, M. Lutjeharms (Hrsg.), *Lesekompetenz in Erst-, Zweit- und Fremdsprache* (S. 145-162). Tübingen: Narr Francke Attempto Verlag

Janíková, V. (2005). *Didaktik des Deutschen als Fremdsprache: Anmerkungen zu aktuellen Themen mit Aufgaben zum reflektierten Selbststudium.* Brno: PdF MU, 2005. 61 Seiten. ISBN 80-210-3782-2

Kaewwipat, N. (2007). *Kontrastive Lesegrammatik Deutsch-Thai für den Unterricht Deutsch als Fremdsprache in Thailand –Untersuchungen am Beispiel des Nominalstils,* Unidruckerei der Universität Kassel, Kassel.

Karcher, *Günther L. (Hrsg.) (1994), Das Lesen in der Erst- und Fremdsprache. Neurolinguistische Grundlagen. (2. Aufl.),* Heidelberg: Julius Gross Verlag.

Karbe, U. (2000). Entwicklung des Lesens in der Fremdsprache. In: Karbe, Ursula & Piepho, Hans-Eberhard (Hrsg.) (2000*): Fremdsprachenunterricht von A-Z. Praktisches Begriffswörterbuch.* München: Hueber, 155-160.

Karstens, F. (2021). *Leseförderung aus Schülersicht. Eine empirische Studie zur Einschätzung des selbstregulierten Lesens im Deutschunterricht.* Waxmann VerlagISBN: 978-3-8309-4427-0

Kaufmann, S. (Hrsg.), Zehnder, E. (Hrsg.), Vanderheiden, E. (Hrsg) (2008). *Fortbildung für Kursleitende Deutsch als Zweitsprache: Deutsch als Fremdsprache/Band 2 – Didaktik–Methodik* (Qualifiziert unterrichten), Hueber, Verlag GmbH & Co. KG; Auflage: 1

Kintsch, W. (1998). *Comprehension: A paradigm for cognition.* New York, NY: Cambridge University Press

Kintsch, W., & van Dijk, T. A. (1978). Toward a model of text comprehension and production. *Psychological Review, 85*(5), 363–394. https://doi.org/10.1037/0033-295X.85.5.363

Klauer, K. J., & Leutner, D. (2012*). Lehren und Lernen. Einführung in die Instruktionspsychologie* [Teaching and learning. Introduction to instructional psychology]. Weinheim: Beltz

Kononova, T. (2014). Zur Effektivität Der Texterschliessung Durch Lesestrategien Im Daf-Unterricht, *lotodidactica Biannual Journal of Applied Linguistics, 1*(V)

Köster, J. (2005c): Wodurch wird ein Text schwierig? Ein Test für die Fachkonferenz. In: *Deutschunterricht* 5, S. 34 – 37.

Kühn, P. (2002): Leseverstehen und Lesekompetenz: Verstehenstheoretische Konzepte und didaktische Folgerungen. In: Ministère de l'Education Nationale de la Formation Professionnelle et des Sports (Hg.): *Deutsch. Die standardisierten Prüfungen zum Abschluss der Primärschule.* Luxembourg: Ministère de l'Education Nationale de la Formation Professionnelle et des Sports, S. 7–40.

Küppers, A. (1999). *Schulische Lesesozialisation im Fremdsprachenunterricht. Eine explorative Studie zum Lesen im Englischunterricht der Oberstufe.Unterrichtsbeobachtungen, Interviews und Fallstudien.* Verlag: Narr (1999).,Tübingen

Kyselicová I (2010). *Textlesen mit Verständnis.* Bakalářská práce. Brno: PdF MU,

Lange, U. (2013).*Fachtexte - lesen, verstehen, wiedergeben*, Paderborn: Schöningh.

Lau, K. L., & Ho, E. S. C. (2015). Reading performance and selfregulated learning of Hong Kong students: What we learnt from PISA 2009. *The Asia-Pacific Education Researcher, 25*(1), 159–171.

Lehker, M. (2015). *Individuelle Förderung, Lesen mit Speedy, Sachtexte verstehen- Wissen verarbeiten*, Lernserver-Institut, Verlag für Bildungsmedien (Herausgeber: Friedrich Schönweiss)

Lehnen, K. (2018): Lesen und Schreiben. In: Birkner, Karin; Janich, Nina (Hrsg.): *Handbuch Text und Gespräch (Reihe: Handbücher Sprachwissen* (HSW) 5, hrsg. v. Felder, Ekkehard / Gardt, Andreas). Berlin/New York: De Gruyter Mouton, 171-199

Leisen, J.(2009). Grundlagenteil. In: Studienseminar Koblenz (Hrsg.): *Sachtexte lesen im Fachunterricht der Sekundarstufe.* Seelze-Velber: Kallmeyer in Verbindung mit Klett 2009. S. 8-108

Leisen, J. (2006). Ein Text- zehn Strategien. Strategien zur Bearbeitung von Sachtexten. Zeitschriftenaufsatz In: *Naturwissenschaften im Unterricht.* Physik | 2006

Leisen, J. (2010). *Leseverstehen und Leseförderung in den Naturwissenschaften.* In: Sprache, Mathematik und Naturwissenschaften. Hrsg. von G. Fenkart, A. Lembens u. E. Erlacher-Zeitlinger. Innsbruck, Wien, Bozen: Studienverlag 2010, S. 212-231

Leupold, E. (2002): *Französisch unterrichten. Grundlagen–Methoden–Anregungen*.Seelze-Velber:Kallmeyersche Verlagsbuchhandlung. Ministerium für Schule und Weiterbildung des Landes Nordrhein-Westfalen (Hrsg.)

Leutner, D., & Leopold, C. (2006). Selbstregulation beim Lernen aus Sachtexten [Selfregulation when learning from expository text]. In H. Mandl & H. F. Friedrich (Eds.), *Handbuch Lernstrategien* [Handbook of learning strategies] (pp. 162–171). Göttingen: Hogrefe.

Leutner, D., & Leopold, C. (2003). Selbstreguliertes Lernen als Selbstregulation von Lernstrategien–Ein Trainingsexperiment mit Berufstätigen zum Lernen aus Sachtexten. *Unterrichtswissenschaft, 31*(1), S.38–56.

Lorch, R. F. (2015). What about expository text? In E. J. O'Brien, A. E. Cook, & R. F. Lorch(Eds.). *Inferences during reading*(pp. 348–361).UK: Cambridge University Press.https://doi.org/10.1037/0022-0663.94.4.778.

Löschmann, M.; Petzschler, H. (1979). *Übungsgestaltung zum verstehenden Hören und Lesen*. Leipzig: VEB Verlag Enzyklopädie

Lutjeharms, M. (2006): Zum Erwerb fremdsprachlicher Lesefertigkeiten. In: Jung, Udo (Hg.): *Praktische Handreichung für Fremdsprachenlehrer*.4. vollst. neu bearb. Auflage. Frankfurt/Main: Peter Lang.S. 145-152.

Lutjeharms, M.(1988), Lesen in der Fremdsprache. Versuch einer psycholinguistischen Deutung am Beispiel Deutsch als Fremdsprache. In: Vogel, Klaus & Voss, Bernd (Hrsg.), *Fremdsprachen in Lehre und Forschung*. (2.Aufl.), Bochum: AKS-Verlag, Bd 5.

Lutjeharms, M. (1998). Lesen im Fremdsprachenunterricht. In Jung, Udo (Hrsg.), *Praktische handreichung für Fremdsprachenlehrer* (281-287). Frankfurt a. M.:Lang

Lutjeharms M. (2010). *Lesekompetenz in erst- zweit- und fremdsprache.* Narr.

Lutjeharms, M. (2016*). Leseverstehen. In Eva Burwitz-Melzer et al., Handbuch Fremdsprachenunterricht* (S. 97-102). Tübingen: A. Francke Verlag

Lutjeharms, M. (2002): Lesestrategien und Interkomprehension in Sprachfamilien. In: Kischel (Hg.): *EuroCom – Mehrsprachiges Europa durch Interkomprehension in Sprachfamilien*, S. 124–140.

Mandl, F.&Friedrich, H. Felix (Hrsg.) (2005): *Handbuch Lernstrategien.* Göttingen 2005.

Mandl, H., & Friedrich, H. F. (Hrsg.). (2006). *Handbuch Lernstrategien.* Göttingen u.a.: Hogrefe.

McCrudden, Matthew/Schraw, Gregory/ Kambe, Gretchen (2005): The effect of relevance instructions on reading time and learning. In: *Journal of educational psychology* 97 (2005), S. 88-102.

McDaniel, M. A. & Einstein, G. O. (1989). Material-appropriate processing: A contextualist approach to reading and studying strategies. *Educational Psychology Review*, 1, 113–145. doi:10,1007/BF01326639.

McKoon, G., & Ratcliff, R.(1992). Inference during reading. *Psychological Review*,99, 440-466.

Meyer, B. J., Brandt, D. M., & Bluth, G. J. (1980). Use of top-level structure in text: Key for reading comprehension of ninth-grade students. *Reading Research Quarterly*, 16, 72–103.

Meyer, B. J., & Ray, M. N. (2011). Structure strategy interventions: Increasing reading comprehension of expository text. *International Electronic Journal of Elementary Education,* 4(1), 127–152.

Mokthari, K. & Reichard, C. A. (2002). Assessing Student's Metacognitive Awareness of Reading Strategies. *Journal of Educational Psychology, 94*(2), 249-259.

Müller, B. & Richter, T. (2014). Lesekompetenz. In J. Grabowski (Hrsg.), *Sinn und Unsinn von Kompetenzen: Fähigkeitskonzepte im Bereich von Sprache, Medien und Kultur* (S. 29–49). Leverkusen: Barbara Budrich.

Müller-Küppers, E. & Zöllner, I. (1999). *Deutsch als Fremdsprache für das Studium, Leseverstehen. Fachtexte mit Übungen und methodischen Hinweisen.* Hrsg. v. Dietrich Eggers. Ismaning: Max Hueber Verlag.

Mündenmann, B. M. (2002). *Zielsicher und schnell lesen: wie Sie im Handumdrehen Ihre Leseeffiziens steigern*, Verlag, Dt. Wirtschaftsdienst, ISBN 3871565059, 9783871565052

Nassaji, H. (2002): „Schema theory and knowledge-based processes in second language reading comprehension: A need for alternative perspectives". *Language Learning*2/52: 439–481.

Neugebauer, C. (2006). *Didaktisierte Lesetexte–was ist das?,* © IIK Institut für Interkulturelle Kommunikation, Zürich, 2006, https://www.foer

mig.uni-hamburg.de/pdf-dokumente/neugebauer-grundlagen-didaktisierung.pdf

Nieweler, A. (Herausgeber, Autor); Grünewald, Andreas (Autor);Husemann, Veit R. J. (Autor); Lange, Ulrike C. (Autor); Reinfried, Marcus (Autor) (2017). *Fachdidaktik Französisch: Lehrerbuch*, Klett Sprachen

Nieweler, A. (Hrsg.) (2006). *Fachdidaktik Französisch. Tradition –Innovation –Praxis*.Stuttgart: Klett.

Oakhill, J. V., and Garnham, A. (1988). *Becoming a Skilled Reader*, Basil Black

O'Neil, S. P. (1992). Metacognitive strategies and reading achievement among developmental students in an urban community college. *Reading Horizons*, 32, 316-330.

Opwis, K.; Lüer, G. (1996): Modelle der Repräsentation von Wissen. In: Dietrich Albert und KurtH. Stapf (Hrsg.), *Enzyklopädie der Psychologie: Themenbereich C Theorie und Forschung*, Serie II Kognition, Band 4 Gedächtnis. Göttingen: Hogrefe, S. 337–431.

Padeliadu, S., & Antoniou, F. (2014). The relationship between reading comprehension, decoding and fluency in Greek: A cross-sectional study. *Reading and Writing Quarterly, 31*(1), 1-31.

Paris, S., Wasik, B. A., & Turner, J. C. (1991). The development of strategic readers. In R. Barr, M. L. Kamil, P. B. Mosenthal, & D. Pearson, *Handbook of Reading Research*, Vol. 2 (pp. 609 – 640). Mahwah, NJ: Lawrence Erlbaum

Pfeiffer, E. (2022). *Besser Lesen*. In: https://www.deutsch-perfekt.com/deutsch-lesen/besser-lesen, abgerufen am 05/10/2022)

Philipp, M. (2012b). Lesestrategien-wirksame Werkzeuge für das Textverstehen. *Schweizerische Zeitschrift für Heilpädagogik, 18*(5/12), 40-45.

Philipp, Maik. (2015). *Lesestrategien: Bedeutung, Formen und Vermittlung / Reading Strategies: Importance, Types and Instruction*, Beltz Juventa, ISBN: 978-3779932888

Philipp, M.,Schilcher, A. (Hrsg.) (2012). *Selbstreguliertes Lesen. Ein Überblick über wirksame Leseförderansätze*. Seelze: Kallmeyer. S. 43ff.

Piepho H. E. (1990): Leseimpuls und Textaufgabe. In*: Fremdsprache Deutsch 2*, 1990, Goethe-Institut, München.

Pressley, M. (2002). Metacognition and Self-Regulated Comprehension. In A. E. Fartsrup & S. J. Samuels (Eds.), *What research has to say *about reading instruction* (pp. 291-310). USA: International Reading Association

Pressley, M., Wharton-McDonald, R., Mistretta-Hampton, J. and Echevarria, M. (1998). Literacy instruction in 10 fourth- and fifth-grade classrooms in upstate. *Scientific Studies of Reading*, 2, 159-194. https://doi.org/10.1207/ s1532799xssr0202_4

Pressley, M., & Afflerbach, P. (1995). *Verbal protocols of reading: The nature of constructively responsive reading*. Hillsdale, NJ: Erlbaum.

Pressley, M., Brown, R., El-Dinary, P., & Afflerbach, P. (1995). The comprehension instruction that studentsneed: Instruction fostering constructively responsive reading. *Learning Disabilities Research & Practice*, 10(4), 215-224

Prexl, L. (2017). *Schreiben im VWL-Studium*, Opladen; Toronto: Verlag Barbara Budrich: Opladen

Pugliese, R. (2007). Adamzik, Kirsten; Krause, Wolf-Dieter (Hrsg.): Text-Arbeiten. Textsorten im fremd-und muttersprachlichen Unterricht an Schule und Hochschule. *Informationen Deutsch als Fremdsprache*, 34(2-3), 126-129. https://doi.org/10,1515/infodaf-2007-2-303

Punz, E. (2017). Lesestrategien als „Basisqualifikation in der Leseerziehung, In: *Themenheft für den Kompetenzbereich „Lesen– Umgang mit Texten und Medien"Deutsch, Lesen, SchreibenVolksschule Grundstufe I +II, BIFIE*; Autorinnen(Hrsg.), Graz: Leykam, 2016ISBN 978-3-7011-8037-0, https://www.bifie.at/wp- content/uploads/2017/06/Themenheft_Lesen_Web.pdf

Purm, R. Formování komunikativní kompetence ve čtení cizojazyčných textů. *Cizí jazyky, 1993-4*, č. 7-8, s. 252-258.

Rampillon, U. (1985). *Lerntechniken im Fremdsprachenunterricht*. München: Max Huber Verlag, 1985*. ISBN 3-19-006967-4

Rampillon, U. (1998). *Lernen leichter machen. Deutsch als Fremdsprache*. München: Max Huber Verlag, 1998. ISBN 3-19-001574-0.

Rampillon, U.(1995). Selbstgesteuertes Fremdsprachenlernen- eine Perspektive für den Fremdsprachenunterricht in der Erwachsenenbildung. In: Burger, Günther (Hrsg.): *Fremdsprachenunterricht in der Erwachsenenbildung: Perspektiven und Alternativen für den Anfangsunterricht*. Ismaning: Hueber 1995, S. 81-92.

Rappo, A. (2019.27.Juli) *Fünf Gründe, Warum deine Lernenden jedes Wort übersetzen*, https://annarappo.ch/uebersetzen/, abgerufen 22.08.2002

Reutzel, D. R., Smith, J. A., & Fawson, P. C. (2005). An evaluation of two approaches for teach-ing reading comprehension strategies in the primary years using science information texts. *Childhood Research Quarterly*, 20, 276-305.

Richter, T. & Schnotz, W. (2018). Textverstehen. In D. Rost, J.R. Sparfeldt & S. Buch (Hrsg.), *Handwörterbuch Pädagogische Psychologie* (5. Aufl., S. 826-837). Weinheim: Beltz.

Richter, T. (2003): *Epistemologische Einschätzungen beim Textverstehen*. 2. Aufl. Saarbrücken 2003. Regeln der Bedeutung. Gibt es Grenzen der Interpretation literarischer Texte? Tübingen 2003, S. 246-285

Roche, J. (2008): *Fremdsprachenerwerb Fremdsprachendidaktik*. Tübingen: Francke.

Roelcke, T. (2005). *Fachsprachen*. Erich Schmidt Verlag. Berlin

Rosebrock, C.; Nix, D. (2008): *Grundlagen der Lesedidaktik und der systematischen schulischen Leseförderung*. 3., überarbeitete Auflage. Baltmannsweiler: Schneider Hohengehren.

Rosebrock, C. & Nix, D. (2017): *Grundlagen der Lesedidaktik und der systematischen schulischen Leseförderung*. Baltmannsweiler: Schneider Hohengehren, 8. überarbeitete und erweiterte Auflage.

Rosebrock, C., Nix, D., Rieckmann, C. & Gold, A. (2011). *Leseflüssigkeit Fördern. Lautleseverfahren für die Primar- und Sekundarstufe*. Seelze: Friedrich Verlag GmbH

Rosebrock, C.; Nix, D. (2014). *Grundlagen der Lesedidaktk und der systematischen schulischen Leseförderung*. 7. Aufl. Baltmannsweiler: Schneider.

Rosebrock, C. & Nix, D. (2012). *Grundlagen der Lesedidaktik und der systematischen schulischen Leseförderung*. Baltmannsweiler: Schneider

Rosebrock, C. & Nix, D. (2011). *Grundlagen der Lesedidaktik und der systematischen schulischen Leseförderung*. 4., korrigierte und ergänzte Auflage. Baltmannsweiler, Schneider Verlag.

Rost, F. (2012). *Lern- und Arbeitstechniken für das Studium*. Wiesbaden: Springe

Rothstein, B. (2011). *Wissenschaftliches Arbeiten für Linguisten*. Tübingen: Narr

Samuelsten MS, Braten I. (2005).Decoding, knowledge, and strategies in comprehension of expository text. *Scandinavian Journal of Psychology*.2005;46.107–117.

Schiefele, U., Artelt, C., Schneider, W.& Stanat, P. (Hrsg.). (2004). *Struktur, Entwicklung und Förderung von Lesekompetenz- Vertiefende Analysen im Rahmen von PISA 2000*

Schnotz, W. (2000). *Das Verstehen schriftlicher Texte als Prozess*. In: Brinker, Klaus u. a. (Hrsg.): 497-506.

Schnotz, W.; Dutke, S. (2004). Kognitionspsychologische Grundlagen der Lesekompetenz: Mehrebenenverarbeitung anhand multipler Informationsquellen, In: *Struktur, Entwicklung und Förderung von Lesekompetenz, Vertiefende Analysen im Rahmen von PISA 2000*, Editors, Schiefele, Ulrich; Artelt, Cordula; Schneider, Wolfgang; Stanat, Petra;

Schnotz, W. (1994). *Aufbau von Wissensstrukturen. Untersuchungen zur Kohärenzbildung beim Wissenserwerb mit Texten*. Weinheim: Psychologie Verlags Union.

Schreblowski, S. & Hasselhorn, M. (2006). Selbstkontrollstrategien. Planen, Überwachen, Bewerten. In Mandl, Heinz & Friedrich Helmut (Hrsg.), *Handbuch Lernstrategien* (S. 151-162). Göttingen: Hogrefe

Sheeba, S. (2018). *Teaching Reading: Goals and Techniques,* https://www.researchgate.net/publication/328449849_Teaching_Reading_Goals_and_Techniques

Shokouhi, H. & Jamali, R. (2013). Metacognitive reading strategies and the text type, In: *Handbook of current research on teaching English languageskills*, Shahid Beheshti University, Tehran, Iran, pp.128-141

Singer, M. Graesser, A. C. & Trabasso, T.(1994). Minimal or globalinference during reading. *Journal of Memory & Language*,33, 421-441.

Solmecke, G. (1993). *Texte hören, lesen und verstehen. Eine Einführung in die Schulung der rezeptiven Kompetenz mit Beispielen für den Unterricht Deutsch als Fremdsprache*. München, Wien [u.a.]: Langenscheidt.

Song, H.-C. (Hrsg.) (2001). *Literarisches Lesen im Deutsch-als-FremdspracheUnterricht in Südkorea. Ein Beitrag zur Analyse und Gestaltung literarischer Textausgaben* (1. Aufl.). (Wissenschaftliche Schriftenreihe Germanistik; Bd. 13), FU Berlin: Dr. Köster, Freie Universität, Dissertation (unveröff. Typoskript).

Souvignier, E. & Mokhlesgerami, J. (2006). Using self-regulation as a framework for implementing strategy instruction to foster reading comprehension. *Learning and Instruction, 16*(1), 57–71. https://doi.org/10.1016/j.learninstruc.2005.12.006

Souvignier, E.; Küppers, J. & Gold, A. (2003a). Wir werden Textdetektive: Beschreibung eines Trainingsprogramms zur Förderung des Leseverstehens. *Didaktik Deutsch*, 14, 21-35

Spinner, K. H. (2010). Handlungs- und produktionsorientierter Literaturunterricht. In V. Frederking, H.-W. Huneke, A. Krommer & Ch. Meier (Hrsg.). Taschenbuch des Deutschunterrichts. Band 2 *Literatur- und Mediendidaktik* (S.311-325). Baltmannsweiler: Schneider

Spinner, K. H. (2004). Lesekompetenz in der Schule. In U. Schiefele, C. Artelt, W. Scheider & P. Stanat (Hrsg.), *Struktur, Entwicklung und Förderung von Lesekompetenz. Vertiefende Analysen im Rahmen von PISA 2000* (S. 125-138). Wiesbaden: VS Verlag

Stahl, T. (2006). „Textsortenbezogenes Lesen im Fremdsprachenunterricht". *Informationen Deutsch als Fremdsprache, 33*(5). 480–493.

Stahl, T. (2009). Textsorten im Hörverstehenstraining für Deutsch als Fremdsprache, *Brünner Hefte zu Deutsch als Fremdsprache*, Jahrgang 2, Nummer 1 • 2009

Steck, A., Wedel-Wolff, A., Crämer, C. & Stegmeier, H. (2006). An Texten das Leseverstehen schulen. *Deutsch differenziert*, Heft 1, S.5-48

Stephany, S. (2018). *Sprache und mathematische Textaufgaben, Eine empirische Untersuchung zu leser und textseitigen sprachlichen Einflussfaktoren auf den Lösungsprozess*, Waxmann 2018 Münster New York

Stiefenhöfer, H. (1986). Lesen als Handlung. Didaktisch-methodische Überlegungen und unterrichtspraktische Versuche zur fremdsprachlichen Lesefähigkeit. Lesetheoretische Grundlagen. Die Unterrichtsplanung. In: *Bielefelder Beiträge zur Ausbildungsforschung und Studienreform*. Bd.6, Hrsg. v. Interdisziplinären Zentrum für Hochschuldidaktik (IZHD) der Universität Bielefeld, 25-174

Stickel-Wolf, C.&Wolf, J. (2013). *Wissenschaftliches Arbeiten und Lerntechniken: erfolgreich studieren–gewusst wie!* 7. aktual. Und erw.Aufl., Wiesbaden: Springer Gabler, S. 9-62.

Storch, G. (2001). *Deutsch als Fremdsprache. Eine Didaktik. Theoretische Grundlagen und praktischen Unterrichtsgestaltung.*Munchen

Storch, G. (1999). *Deutsch als Fremdsprache: eine Didaktik: theoretische Grundlagen und praktische Unterrichtsgestaltung.* München: Wilhelm Fink, c1999, 367 s. UTB für Wissenschaft. ISBN 978-3-8252-8184-7.

Stroch, G. & Weng, I. (2013). Gebrauchstexte in der teilhabeorientierten AphasietherapieAlltagsrelevante Verstehensabsichten trainieren und handlungsrelevante Informationen entnehmen, *ForumLogopädieHeft 6* (27) November 2013 6-11

Streblow, L. (2004). Zur Förderung der Lesekompetenz. In: Schiefele, Ulrich & Artelt, Cordula & Schneider, Wolfgang &Stanat, Petra (Hg.): *Struktur, Entwicklung und Förderung von Lesekompetenz. Vertiefende Analysen im Rahmen von PISA 2000.*Wiesbaden: VS Verlag für Sozialwissenschaften, S. 275-307 https://docplayer.org/5757317-Didaktische-erlaeuterungen.html

Studienseminar Koblenz (Hrsg.) (2009). *Sachtexte lesen im Fachunterricht der Sekundarstufe.* Seelze: Klett/Kallmeyer.

Oleschko, S. (Hrsg.). *Sprachsensibles Unterrichten fördern – Angebote für den Vorbereitungsdienst,* SBN 978-3-00-057524-2 1. Auflage 2017 https://www.stiftung-mercator.de/media/downloads/3_Publikationen/2017/Dezember/Sprachsensibles_Unterrichten_foerdern/Buch_Sprachsensibles-Unterrichten-foerdern.pdf///// abgerufen am, 14.03.2022

Tellmann, U.; Müller-Trapet, J.; Jung, M., (2012). *Berufs- und fachbezogenes Deutsch Grundlagen und Materialerstellung nach dem Konzept von IDIAL4P* Handreichungen für Didaktiker Universitätsverlag Göttingen 2012 Bibliographische Information der Deutschen Nationalbiblioth https://www.univerlag.uni-goettingen.de/bitstream/handle/3/isbn-978-3-86395-044-6/Tellmann_Idial.pdf?sequence=3& abgerufen am, 24.06.2022

Tesch, B. (2010). *Kompetenzorientierte Lernaufgaben im Fremdsprachenunterricht: konzeptionelle Grundlagen und eine rekonstruktive Fallstudie zur Unterrichtspraxis (Französisch)* - (Kolloquium Fremdsprachenunterricht; 38).: Frankfurt am Main [u.a], 2010, Internationaler Verlag der Wissenschaften

Thurmair, M. (2001). Textsorten im Deutsch-als-Fremdsprache-Unterricht. In: Ferrer Mora, Hang, (ed.) *Metodología y didáctica del alemán como lengua extranjera en el contexto hispánico = Methodik und Didaktik des Deutschen als Fremdsprache im spanischen Kontex*t. Univ.

de València, Dep. de Filología Inglesa y Alemana, Valencia, pp. 37-51. ISBN 84-370-5232-7.

van den Broek, P.; Young, M.; Tzeng, Y., & Linderholm, T.(1999).The landscape model of reading: Inferences and the on-line construc-tion of a memory representation. In H. van Oostendorp & S. R. Gold-man (Eds.),*The construction of mental representations during reading*(pp. 71-98). Mahwah, NJ: Erlbaum.

van Dijk, T. A. & Kintsch, W. (1983). *Strategies of discourse comprehension*. New York: Academic Press.

Veenman, M. V. J.; van Hout-W.; B. H. A. M., & Afflerbach, P. (2006). Metacognition and Learning: Conceptual and Methodological Considerations. *Metacognition and Learning, 1*, 3-14. https://doi.org/10.1007/s11409-006-6893-0

Vonk, W. & Noordman, L. G. M. (1990). "On the control of inferences in text understanding." Balota, D. A., Flores d'Arcais, G. B. & Rayner, K. (Hrsg.) *Comprehension Processes in Reading*. Hillsdale, N.J.: Lawrence Erlbaum, 447-464.

Voss, R., (2015). *Studi-Coach: Studieren für Anfänger*, UTB, ISBN3825244997, 9.783.825.244.996

Warnecke, I., (2018*).Prüfungsangst bewältigen, Ein Trainingsprogramm in 7 Schritten*, Ferdinand Schöningh Verlag

Weinstein, C. E. & Meyer, R. E. (1986). The teaching of learning strategies. In M.C. Wittrock (Hrsg.), *Handbook of research on teaching* (S. 315-325). New York: Macmillan Publishing

Weng, I., (2008). *Aspekte des Textverstehens und ihre Umsetzung in der Sprachtherapie bei Kindern, Jugendlichen und Erwachsenen*, Referat gehalten an der SAL-Tagung vom 30.11.2007,https://storch-verlag.de/WebRoot/Store9/Shops/Shop48628/MediaGallery/Aspekte_des_Textverstehens_und_ihre_Umsetzung_in_der_Sprachtherapie.pdf

Weiss, U., (2000). *Lesen in der Fremdsprache Deutsch-Eine Empirische Studie Zum Lesen Linearer im Vergleich zu Hypertexten*, Verlag Books on Demand

Westhoff, G.(1997). *Fertigkeit Lesen*, München: Langenscheidt. Verlag; München; 1997; ISBN: 3-468- 49663-X; S.100

Westhoff, G. (2001). *Fertigkeit Lesen*. Berlin (Fernstudienprojekt zur Fort- und Weiterbildung im Bereich Germanistik und Deutsch als Fremdsprache. Fernstudieneinheit 17).

Westhoff, G. (2013). *Fertigkeit Lesen*, München.

Westhoff, G. (1987). *Didaktik des Leseverstehens: Strategien des voraussagenden Lesens mit Übungsprogrammen*. Ismaning: Hueber, (Deutsch als Fremdsprache). - ISBN 3-19-001453-1

Wild, J., & Schilcher, A. (Hrsg.) (2017). *Filia –Fachintegrierende Leseförderung mit Lesestrategien. Lehrerhandreichung*. Verfügbar unter www.projektelis.eu abgerufen am, 28.02.2022.

Williams, J.P.; Nubla-Kung, A.M.; Pollini, S.; Stafford, K.B.; Garcia, A. & Snyder, A.E.(2007). Teaching cause–effect text structure through social studies content to at-risk second graders. *Journal of Learning Disabilities, 40*(2), 111–120. doi:10.1177/00222194070400020201

Willkop, E.-M.; Wiemer, C.; Müller-Küppers; E.; Eggers, D. E.; Zöllner, I. (2008). *Auf neuen Wegen: Deutsch als Fremdsprache für die Mittelstufe und Oberstude, Band 1*, Max Hueber VerlagAuflage: 1

Wyatt, P., M., El-Dinary, Stein, E., & Brown, R. (1993). Comprehension strategies, worth and credibility monitoring, and evaluations: Cold and hot cognition when experts read professional articles that are important to them. *Learning and Individual Differences, 5*,49–72.

Ziegler, A. (2005). *Trainingshandbuch Selbstreguliertes Lernen 1. Lernökologische Strategien Für Schüler Der 4. Jahrgangsstufe Grundschule Zur Verbesserung Mathematischer Kompetenzen*. Lengerich: Pabst Science Publ.

Zimmerman, B. J. (2002). Becoming a self-regulated learner:an overview. *Theory Into Practice, 41*(2), S.64–70.

Zwaan, R. A. (1993). *Aspects of literary comprehension: A cognitive approach*. Amsterdam: John Benjamins.

www.ingramcontent.com/pod-product-compliance
Ingram Content Group UK Ltd.
Pitfield, Milton Keynes, MK11 3LW, UK
UKHW041913140426
5217IPUK00002B/29